学校で適切に対応したい
児童・生徒の困りごと **55**

──続・学校で知っておきたい精神医学ハンドブック──

著

髙宮 靜男

協力

服部 紀代

星和書店

挿画：永江 小百合
本文デザイン：林 利香

はじめに

　さまざまな特性を有した児童・生徒が毎日集団で生活する学校は学習，成長・発達に大いに役立つ場であると同時に，さまざまな予期せぬ出来事に直面し，心身の問題が生じやすい場でもあります。養護教諭や，クラス担任をはじめ学校で働いていらっしゃる先生方は児童・生徒の心身の問題に遭遇した際，どのように支援したらよいか戸惑うこともしばしば経験されてきたと思います。学校での支援の糸口になるように，前著『学校で知っておきたい精神医学ハンドブック―養護教諭，スクールカウンセラー，一般教諭，スクールソーシャルワーカーのための心身医学，精神医学』を2021年初春に上梓しました。第1部では，疾患・症状から見る心とからだの基礎と学校でできること，第2部では，状態・行動から見る心とからだの基礎と学校でできること，第3部では，子どもを支援するうえで必要な事柄と学校でできることについて述べ，精神医学的問題，心身医学的問題を抱える子どもたちに学校で出会ったときに校内で，どのように支援したらよいかをさまざまな角度から概説しています。

　それぞれの章で，疾患を1項目ずつ，症例からはじめ，疾患の概要，症状，対応と治療，学校でできること（保健室，教室，相談室，学校全体でできること），ピットフォール（落とし穴）を具体的に示しました。

　このハンドブックを読まれた先生方から，「こういう場合，どう理解したらよいでしょうか？」「こんなときに，どうしたらよいでしょうか？」と，学校面談や事例検討会，研修会，相談会にて質問を受けました。そこで，本書では，児童・生徒が困っている症状や状態，出来事に焦点を当て，長年，学校の先生方と協力して児童・生徒を支援してきた経験をもとに対応方法について具体的に解説したいと思います。

　給食を食べない（食べられない），授業中に眠る，じっとしていられないなど，学校でしばしば経験することについてまず概要を説明し，考えられる疾患や症状，症例，学校内で配慮・実践すべきこと，「どのように考

えたらよいのでしょうか」の項，「他にどんなことが考えられるでしょうか」の項へと進めました。症例は，複数例をまとめたもので架空のものですが，養護教諭の先生方からのご意見を取り入れ，学校現場で，児童・生徒が困っているものを選びました。

　考えられる疾患や症状は典型的なものを挙げたものですが，お示しした疾患や症状にとらわれすぎないように，最初に①として「ここに挙げるもの以外」とする項目を設けています。実は，症状が診断基準を満たさず，疾患名がつかないことのほうが圧倒的に多いのです。典型的な疾患以外でも起こりうるということをご理解いただくようお願いします。誰にでも起こりうる症状でもあり，特別な疾患で生じる特別な症状ではないということを常に頭に入れておかれるようにお願いします。「学校内で配慮・実践すべきこと」はできる限り具体的に説明しています。忙しい学校でやれることは限られていますが，参考にしていただき，さらに工夫して，児童・生徒の支援に活かしていただくことを期待しています。「どのように考えたらよいのでしょうか」では，お示しした症例をどのようにとらえたらよいか，支援したらよいかの道筋を説明しています。「他にどんなことが考えられるでしょうか」では，精神医学的に考えられる他の可能性について述べています。「子どもを大事に思うこころ」に基づき，児童・生徒の困りごと，生きづらいことに焦点を当て，極めて忙しい教職員に何ができるかを考えていただけると幸いです。

　第1章は，1から55まで項目があります。通常の学校生活で児童・生徒が困っているときの支援を中心に述べています。第2章は，コロナ禍で生じた症状と支援です。第3章に，実際に学校で行われる事例検討を小学生，中学生，高校生を例にまとめています。学校生活の基本的なことばかりです。こういうことだったのかと気づくことも多いと思います。学校に1冊置き，皆さんで参考にしていただければと願っています。教職員以外の学校に関わりのある方にも役に立つ知識が満載です。是非参考にしてください。

目　次

第1章 学校で適切に対応したい児童・生徒の困りごと 55

1

給食を食べない，食べられない（残す）

　給食は学校教育の一環として非常に重要視されてきました。そのため，食べられない子どもへの配慮も少しずつ行き渡り，昔のように，残したら食べ終わるまで昼休みに教室や校長室や職員室に居残って食べさせられる，ということは減ってきました。食物アレルギーの子どももいるため，食べられない子どもの事情がずいぶんと考慮され，弁当が許可されることや給食を食べる前にあらかじめ減らすこともできるようになってきました。保健室を利用できる学校もあります。栄養教諭の学校配置も毎年増加しています。ところが最近学校が忙しくなり，小中学校とも給食時間を短くすることもみられるようになってきました。ここでは，給食で苦労し，つらい目に遭った児童を例に挙げ，短時間給食の問題点を解説します。

🗒️ 考えられる疾患や症状

①下記の②～⑤以外の場合

②トラウマによる摂食恐怖症

③食行動症または摂食症群（摂食障害）（➡『学校で知っておきたい精神医学ハンドブック』97～115ページ）

④薬の副作用（メチルフェニデート塩酸塩徐放錠，リスデキサンフェタミンメシル酸塩，アトモキセチン塩酸塩）（➡『学校で知っておきたい精神医学ハンドブック』263，271ページ）

⑤社交不安症（➡『学校で知っておきたい精神医学ハンドブック』79～81ページ）

症例

■ A さん（11 歳　小学 5 年生　女子）

　新型コロナウイルス感染症の影響が一息ついた小学 5 年生のあるクラスで、4 月から SDGs（持続可能な開発目標）の学習で食品ロス問題に取り組み、担任は給食を 20 分で完食するという指導をしました。6 月のある日、A さんは喉が痛いという理由で給食を残したところ、担任から「皆で決めたことだから残さないように」と注意を受けました。翌日も食べられず、担任から強く叱責されました。その翌日も、時間内に食べられず注意されました。短時間で食べられないため、小児科を念のために受診したところ、大きな問題はないと言われました。家では、時間をかけ、食べることができていましたが、1 週間後の日曜日の昼には「給食が怖い。学校へ行きたくない」と食が進まなくなりました。母親が担任に手紙を書くと言うと、A さんは少し安心したものの、翌日の月曜日に「給食がつらい」と朝から吐き気を訴え、朝食がとれず、登校はしましたが給食も食べられませんでした。保護者が教師らと話し合いを持ったときには、他の子は普通に食べているのに、この子だけだという言い方をされ、両親はショックを受けました。

　教師らは心配し、保護者と相談の結果、A さんは給食時間は別室で養護教諭や栄養教諭、フリーの学校教諭と一緒に過ごすことになり、給食代わりのエナジーチャージゼリーを食べました。2 〜 3 週間は、自宅では食べられていましたが、日曜日に買い物に行ったとき、レストランフロアの横を通ると座り込んで歩けなくなりました。その後、徐々に自宅でも食べられなくなり、お腹はすくのに食べられないと震えるようになりました。「食べたいのに食べられない」「口に入れるのが怖い」「心配かけてごめんなさい」と言って、自分を責めるようになりました。

　自宅から近い子どものこころの専門医を受診すると、トラウマの一種で、状況に反応していると診断されました。

学校内で配慮・実践すべきこと

①児童・生徒の言動の背景に，不安，緊張，恐怖などを抱えていないかという視点を持って観察する

②これまでの言動や健康診断の結果を振り返り，現在の症状が徐々に生じたものか，急に生じたものかを判断する

③叱責は避ける

④本人のつらさを丁寧に聴き，つらさを汲み，共感する（➡『学校で知っておきたい精神医学ハンドブック』2 ページ）

⑤不安を軽減し，安心感を与える対応をまず行う（➡『学校で知っておきたい精神医学ハンドブック』83 ページ）

⑥食べるリハビリの手伝いをする（➡『学校で知っておきたい精神医学ハンドブック』103 ページ）

⑦情報や支援目標を共有し，校内体制を整え，保護者と相談して，登校しやすい環境と食べやすい環境づくりを行う

⑧トラウマインフォームドケア（トラウマを念頭に置いたケア）を実践する（➡『学校で知っておきたい精神医学ハンドブック』61 ページ）

⑨二次的なトラウマを予防する（➡『学校で知っておきたい精神医学ハンドブック』62 ページ）

⑩支援を通し，本人が変化していったことを学校と家庭とで共有する

 どのように考えたらよいのでしょうか

　SDGs では，飢餓の子どもたちを出さないといった目標があり，それを学校給食で学ぼうという趣旨で始まったと思われます。ゆっくり食べたら全部食べられる子では，給食時間が十分あれば残さずに済み，給食にある程度時間をかけることは SDGs の概念にも合致しますが，短時間に食べさせようとして残すことになれば SDGs の考え方に反します。また，20 分以内に残さず全部を食べることが困難な子どももいるということを頭に入

れておく必要があったと思います。その発想があれば，養護教諭や栄養教諭に相談して適切なやり方が見つかり，一人の児童を苦しめることはなかったことでしょう。早く食べ終わることができない子には，時間的余裕を与えるか，最初から量を減らし不足分は自宅で補うなどの手段をとることが必要です。また，強い叱責でトラウマになるという発想も，学校現場では必要な時代です。トラウマインフォームドケア（トラウマを念頭に置いたケア）を，教職員が身につけることが求められます。

他にどんなことが考えられるでしょうか

　給食が食べられないトラウマ以外の場合を考えてみましょう。薬の副作用で昼食の量が著しく減ることがあります。児童・生徒の急な変化に気づけるかがポイントです。摂食症（摂食障害）においても，給食を食べる量が減ることがあります。摂食症の中で，回避・制限性食物摂取症（ARFID），神経性やせ症（AN）では，食事量の減少が顕著に出現します。このときの対応は注意が必要で，回避・制限性食物摂取症では安心感を与え，食べるリハビリが重要で，時間を要しますが，栄養状態が良くなってくると心身両面ともに回復します。一方，神経性やせ症では，治療の動機づけが難しく，飢餓の影響を強く受けます。周りが「子どもを大事に思うこころ」を基盤に置き，焦らず，慌てず，チームをつくり，家族を支えながら辛抱強い働きかけを続けることが肝要です。受診を考慮する必要もあります。『学校で知っておきたい精神医学ハンドブック』（前著）が参考になります（→『学校で知っておきたい精神医学ハンドブック』97〜104ページ）。会食恐怖症の児童・生徒はマスクを外せないことが圧倒的に多いようです。不安軽減が第一歩です。食べ方にこだわりがあり，特定の食べ物が食べられない場合もあります。この場合は食べられるものを食べ，栄養状態の悪化を防ぐのがよいでしょう。お茶で流し込むことで，やっと食べられる児童・生徒もみられます。まず，食べられることを評価し，理由が明らかになれば，対策を練ることができます。薬の副作用の場合は，薬を中止

すれば，すぐに回復します。

◆参考

SDGs は持続可能な開発目標（SDGs：Sustainable Development Goals）のことで，2015 年 9 月の国連サミットで加盟国の全会一致で採択された「持続可能な開発のための 2030 アジェンダ」に記載された，2030 年までに持続可能でよりよい世界を目指す国際目標である。17 のゴール・169 のターゲットから構成され，地球上の「誰一人取り残さない（leave no one behind）」ことを誓っている。
https://www.mofa.go.jp/mofaj/gaiko/oda/sdgs/about/index.html

栄養教諭は，小中学校に勤務し，児童・生徒の食生活・栄養やアレルギーなどに対する指導，集団への食事・栄養指導を行っている。偏食などによる食生活の乱れを改善し，児童・生徒が「食事や栄養を自己管理する能力」「好ましい食習慣」を身につけることを目的に，指導に当たっている。
栄養教諭の人数と配置：栄養教諭は 2021（令和 3）年度は 6752 名全校の小中学校に配置され毎年増加している。
https://www.mext.go.jp/content/20220222-mxt_kenshoku-100003340-1.pdf

トラウマを念頭に置いたケアでは，トラウマの広範囲に及ぼす影響や回復への道のりを理解し，トラウマの兆候や症状を認識し，トラウマに関する知識を統合して対応し，トラウマの再体験を防ぐ手立てを講じることが推奨されている。（文献：藤森和美：学校トラウマの実際と対応　児童・生徒への支援と理解. 誠信書房，2020，p.48）

回避・制限性食物摂取症（ARFID）は，肥満恐怖や，太っていないのに太っていると思い込む認知の歪みがなく，体重の増加による罪悪感など否定的な思い込みがみられない。「食べて気持ちが悪くなるのでは」「喉に詰まらせるのでは」などと不安になり，摂食量が極端に減少し，栄養不足や体重減少が生じる。回復には，さまざまな工夫が必要である。コロナ禍で，家族関係の変化により生じた例もある。
他の摂食症（摂食障害）においても，給食を食べないことや食べられないことがある。

メチルフェニデート塩酸塩徐放錠はコンサータ，リスデキサンフェタミンメシル酸塩はビバンセ，アトモキセチン塩酸塩はストラテラのことで，注意欠如多動症（ADHD）の治療薬である。多動，衝動性，不注意のどれにも効果があるといわれている。ただ，副作用で食欲が低下し，体重や身長の停滞がみられることがある。特に，昼食は食べられなくなり，帰宅後の食事の摂取や休薬日を設け，その日には

しっかり食事を摂取するなどの対策が必要となる。したがって，給食のときに残したり，食べられなかったりする場合には，薬の副作用を考慮する必要がある。

　会食恐怖症は社交不安症の一種で，人前での食事で不安・恐怖を感じ，喉を通らなくなる。学校では，給食での完食のプレッシャーが引き金になることがある。新型コロナウイルス感染症による緊急事態宣言解除後，学校での給食が始まった後，給食のときに皆と一緒に食べられなくなった児童や，マスクを少し上げて食事をとる児童のケースを筆者は経験したことがある。

〈文献〉髙宮靜男：学校で知っておきたい精神医学ハンドブック．星和書店，2021.
　　　　髙宮靜男：摂食障害の子どもたち．合同出版，2019.

2

体重が減少する

　定期的な健康診断にて，体重が大きく減少する児童・生徒を発見することは，しばしば経験するのではないでしょうか。こんなとき，どうするかというのは養護教諭や担任を結構悩ませます。本人を呼んで，現在の摂食の状態を聴くこと，担任に給食のときの状態を確認すること，保護者に家庭での食事量や生活について尋ねることなど，どこまでやればいいのかという基準は「エキスパートコンセンサスによる摂食障害に関する学校と医療のより良い連携のための対応指針」（以下，「対応指針」と略記。ネット上よりダウンロード可能）に記載されています。摂食症（摂食障害）以外でも体重減少はありますので，しっかりと状況を把握したうえでの適切な対応が求められています。

考えられる疾患や症状ほか

①下記の②～⑧以外の場合

②神経性やせ症（AN），回避・制限性食物摂取症（ARFID）（➡『学校で知っておきたい精神医学ハンドブック』97 ～ 104 ページ）

③神経発達症（発達障害）（➡『学校で知っておきたい精神医学ハンドブック』153 ～ 179 ページ）

④脳の器質性疾患

⑤慢性身体疾患（➡『学校で知っておきたい精神医学ハンドブック』248 ～ 251 ページ）

⑥心身症（➡『学校で知っておきたい精神医学ハンドブック』10 ～ 24 ページ）

⑦児童虐待（➡『学校で知っておきたい精神医学ハンドブック』230〜232ページ）

⑧長期間続く薬の副作用（メチルフェニデート塩酸塩徐放錠，リスデキサンフェタミンメシル酸塩，アトモキセチン塩酸塩など）（➡『学校で知っておきたい精神医学ハンドブック』263，271ページ）

 ## 症例

■Aさん（15歳　中学3年生　女子）

　新学年の定期的な健康診断にて，急激に体重が減少した生徒が発見されました。担任と相談しましたが，給食の食べる量もさほど減ってはいませんが，休みがちで特に朝の疲労感が強いようです。養護教諭はAさんを保健室に呼び，家での食事の状況を尋ねたところ，減っているようでした。そこで「対応指針」に基づき，学校医である小児科を受診するよう本人と母親に勧めました。学校医は神経性やせ症（AN）の可能性が高いと考え，総合病院の小児科と児童精神科に紹介しました。初診時の検査により高血糖がみられ，1型糖尿病ということがわかり，治療開始となりました。

■Bさん（15歳　中学3年生　女子）

　Aさんと同じ定期的な健康診断で，Bさんも急激な体重減少が認められ，「対応指針」に基づき，最初から保護者と相談して，学校医のアドバイスに従い総合病院小児科に受診となりました。種々の検査により，脳腫瘍が発見され，大学病院に入院となりました。

 ## 学校内で配慮・実践すべきこと

①体重減少があったときには，単に神経性やせ症と考えるのではなく，他の疾患の可能性も考える

②養護教諭は，健康診断の結果や小学校からの引き継ぎ情報を確認し，成

長曲線を作成し，体重減少について分析・評価する

③本人や担任，保護者から可能ならば話を聴き，養護教諭は学校関係者と相談し，適切な医療機関を紹介する

④「対応指針」を利用することで病院受診につながることもあるので，神経性やせ症以外の疾患でも「対応指針」が有効なことがある

⑤病院受診後は，可能ならば継続的な連携を行う

⑥支援を通し，本人が変化していったことを学校と家庭とで共有する

どのように考えたらよいのでしょうか

　体重減少ひとつとっても，さまざまな疾患の可能性が考えられ，一つの疾患に決めつけるのは避けたほうがよいでしょう。これは，他の症状にも当てはまります。養護教諭を中心とし，学校内での児童・生徒の心身の健康に目を向け，幅広く知識を常に得るための研修を受けることで間違いを防ぎ，児童・生徒の健康を守ることが可能になります。

他にどんなことが考えられるでしょうか

　児童虐待では，しばしば生じます。体重減少で考えておきたいのは児童虐待（特にネグレクト）です。神経発達症（発達障害）でも，特性により体重減少の原因は異なります。自閉スペクトラム症（ASD）では，食べ物に興味がないこと，食べ物へのこだわり（炭水化物は食べないなど強い偏食），ダイエットへのこだわりから生じます。注意欠如多動症（ADHD）では，落ち着きなく，動きすぎることや食べることを忘れることもあります。また，薬物療法により食欲が低下し，体重が減少します。食欲不振の生じる心身症もあります。

　神経性やせ症（AN）や回避・制限性食物摂取症（ARFID）では，体重減少が必発です。学校では，「対応指針」に基づいて対応するのがよいでしょう。「対応指針」にも記載されていますが，発見には，成長曲線，子

ども版 EAT26 日本語版，レーダーチャートが役立ちます。支援は，保健室で傾聴し，つらさに寄り添いつつ，血圧，脈拍，体温を測定し，保健室で一緒に食事をとり，その年齢に十分な栄養量，食べやすい食べ物の相談までできれば最高ですが，そう簡単ではありません。体重測定は，受診までは，1週間に1回（体重にとらわれすぎることがありますので測りすぎは禁物です），その後は，医療機関と相談して決めるのがよいでしょう。医療機関には，本人の健康回復のために学校で支援できることを教示ください と受診のたびに学校での本人の様子を伝えるとともに，丁寧な手紙を持たせましょう。

◆ 参考 ━━━━━━━━━━━━━━━━━━━━━━━━━━━━

「対応指針」と略記した「エキスパートコンセンサスによる摂食障害に関する学校と医療のより良い連携のための対応指針」は，小学校編，中学校編，高等学校編，大学編からなる。「摂食障害全国支援センター」の運営する「摂食障害情報ポータルサイト」からダウンロードできる。https://www.edportal.jp/pro/

注意欠如多動症（ADHD）の治療薬で，食欲を低下させる副作用を持つものがある。長期に続くと，身長や体重が増加せず，成長が抑制される。児童・生徒が服薬している場合は，日頃からの注意が必要である。同時に定期的な健康診断の際，身長・体重の増加がみられない場合は，校内で相談し保護者に連絡するのが望ましい。

3

給食を食べすぎる／早く食べすぎる

　通常，給食は決まった量を食べるのが普通ですし，児童・生徒は好きな食事が出たら多くの児童・生徒がおかわりをします。逆に給食が苦手であれば，食べる前にあらかじめ減らすことも認められています。毎日，おかわりを何回もして，食べすぎる場合も（多くはありませんが）みられます。どのような場合か考えてみましょう。

考えられる疾患や症状ほか

①下記の②～⑤以外の場合

②児童虐待（ネグレクト）（➡『学校で知っておきたい精神医学ハンドブック』230 ～ 232 ページ）

③過食性障害（➡『学校で知っておきたい精神医学ハンドブック』109 ～ 110 ページ）

④食欲の低下する薬物療法が終了したとき（➡『学校で知っておきたい精神医学ハンドブック』270 ～ 271 ページ）

⑤食欲が出現する薬物療法が開始になったとき（➡『学校で知っておきたい精神医学ハンドブック』267，268 ページ）

症例

■Aさん（7歳　小学1年生　男子）

　Aさんは，1学期の間は，給食の時間，普通に皆と同じ量を食べ，かかる時間も他の児童と同じくらいでした。夏休み明けから，給食の時間に何

回もおかわりをし，急いで口に入れて口いっぱいに頬張り，あまり噛まず貪るように食べました。担任はその様子にびっくりし，ゆっくり食べるように強く指導し，おかわりも禁止しました。しかしながら，急いで食べるのはおさまらず，おかわりができないとつらそうな表情で担任を見る日が続きました。ひと月ほど経ったある日，突然学校へ来なくなり，子ども家庭センターから一時保護となったという連絡が来ました。

 ## 学校内で配慮・実践すべきこと

①本人のつらさや自宅での食生活について責めないように聴く（➡『学校で知っておきたい精神医学ハンドブック』2ページ）

②叱責を避ける

③自宅で食べていない可能性を頭に置いておく（体調不良や疾患による食欲不振，何らかの意思表示のために自発的に食事をとらない，共働きや母子・父子家庭などの家庭環境による欠食，ネグレクトなどの虐待，といったさまざまな背景の存在）

④養護教諭や栄養教諭と相談する

⑤何らかの薬を服用しているかを確認する

⑥何らかの薬の服用を中止したことがないかを確認する

⑦食生活のリズムの乱れがないかを本人を傷つけないように丁寧に確認する（例えば夜中の食物摂取，朝を抜く，休日の摂食状態，水分摂取，一時期食事がとれていなかったかどうか）

⑧可能なら，支援を通し，本人が変化していったことを学校と家庭とで共有する

 ## どのように考えたらよいのでしょうか

　1学期に比べ大きな変化があったことから，養護教諭や栄養教諭などと相談し，本人に丁寧に話を聴くことがまず必要なことです。最初は話さな

いかもしれませんが，ゆっくりと時間をかけることにより，本人のつらい気持ちや事情が明らかになってくるかもしれません。保護者への連絡は配慮と工夫が必要です。ネグレクトの場合は，保護者からも否定されることが多く，慎重にする必要があります。きょうだいが同じ学校に通っていれば，きょうだいの担任と連絡をとり，給食の状況を聴きます。きょうだいがいない場合にはさらに慎重に動くような，管理職を含めなんらかの行動が必要になってきます。

📱 他にどんなことが考えられるでしょうか

　ネグレクト以外の場合も考えてみましょう。体調不良や身体疾患，家庭環境などさまざまな背景も考える必要があります。治療で薬を服用している場合にも気を配る必要があります。メチルフェニデート塩酸塩徐放錠（コンサータ），リスデキサンフェタミンメシル酸塩（ビバンセ）を服薬している場合，服薬を中断したときに，給食で食欲が増すことも経験するところです。また，ある種の抗うつ薬や気分安定薬には食欲が増進する作用も認められています。朝食を抜くことにより昼食が増えたり，一時期食事量が減った反動で増えたりすることがありますが，長期間にわたって給食に影響を及ぼすことはあまりありません。

◘ 参考

　2020（令和2）年度の児童相談所による児童虐待相談対応件数は，20万5029件で過去最多を更新した。その中で，ネグレクトは3万1420件（15.3％）を占める（2021年8月27日厚生労働省）。学校からの通告も児童・生徒を守るために貴重である。

　メチルフェニデート塩酸塩徐放錠（コンサータ），リスデキサンフェタミンメシル酸塩（ビバンセ），アトモキセチン塩酸塩（ストラテラ）は注意欠如多動症（ADHD）の治療薬であるが，食欲低下が知られている。中止になると食欲が急激に増すことがある。

スルピリド（ドグマチール），ミルタザピン（リフレックス，レメロン），バルプロ酸ナトリウム（デパケン，セレニカ），オランザピン（ジプレキサ），アリピプラゾール（エビリファイ），リスペリドン（リスパダール），クエチアピン（ビプレッソ，セロクエル）などは食欲が増加することがある。この中で保険適用上，子どもに処方できるのはアリピプラゾールとリスペリドンである。

授業中に眠る

　春先のぽかぽかした陽気の到来とともに，給食や弁当後の授業でウトウトとなった経験はだれしもあると思います。特に興味のない授業では，つい眠りに落ちます。授業中に眠るのにもさまざまな理由が考えられます。午前中に眠るようになった児童・生徒について見ていきましょう。

📋 考えられる疾患や症状ほか

①下記の②～⑨以外の場合

②睡眠不足症候群（生活習慣，環境因などによる）（➡『学校で知っておきたい精神医学ハンドブック』55 ページ）

③過眠障害／過眠症（➡『学校で知っておきたい精神医学ハンドブック』43 ～ 44 ページ）

④ナルコレプシー（➡『学校で知っておきたい精神医学ハンドブック』40 ～ 42 ページ）

⑤その他の睡眠障害（睡眠時無呼吸症候群，夜間摂食症候群など）（➡『学校で知っておきたい精神医学ハンドブック』51 ～ 52 ページ）

⑥薬の副作用（グアンファシン塩酸塩徐放錠など）（➡『学校で知っておきたい精神医学ハンドブック』271 ページ）

⑦起立性調節障害（OD）（➡『学校で知っておきたい精神医学ハンドブック』13 ～ 16 ページ）

⑧ゲーム症／ゲーム障害（➡『学校で知っておきたい精神医学ハンドブック』116 ～ 120, 122 ～ 123 ページ）

⑨家庭の事情（ヤングケアラー，虐待など）（➡『学校で知っておきたい精神医学ハンドブック』210，230 ～ 232 ページ）

 ## 症例

■Aさん（8 歳　小学 2 年生　男子）

Aさんは活発な子で，小学校入学後（1 年生），じっとしていられず興味があちこちに向き，授業中にもうろうろしたり，突然発言したりしていました。小学校 1 年の担任は，1 年生だからこんなものだろうと考え，見守り中心の対応をしました。2 年になり，厳しい担任に当たり，朝からずっと叱責されるようになりましたが，全く懲りず，叱られることがエスカレートし廊下に座らせられることもありました。廊下で座ることもせず教室内をのぞいたり，学校内をうろうろしたりしました。連絡帳には毎日のように学校の様子を保護者に知らせ，Aさんに言い聞かせるよう依頼する記述がありました。連休明けのある日，朝から机に伏せて寝るようになりました。担任はAさんがおとなしくなり，授業の邪魔にならなくなったので，そのまま寝たままの状態で一週間過ごさせておきました。次の週に，さすがにおかしいのでは，と担任は保護者に連絡をとりました。

■Bさん（14 歳　中学 2 年生　男子）

Bさんは，中学 1 年の間は授業中に眠ることもなかったのですが，中学 2 年になり，塾に行き始め，夜遅くまで勉強するようになりました。そのため睡眠不足になり，授業中に眠るようになりました。担任をはじめ教科担当の教師はそのことを知らず，Bさんは毎日のように叱られるようになっていました。Bさんは，これではダメだと早く寝るようベッドに入りましたが，宿題や勉強の遅れが気になり眠れなくなりました。授業中には，以前よりも眠ってしまうようになり，さらに叱られるようになりました。担任は異変を感じ，保健室に行くように指示しました。保健室で養護教諭が丁寧に話を聴くと，こうした事情が明らかになりました。担任は事情を

理解し，本人と話し合い，勉強のやり方を一緒に工夫しました。また，塾も不得意科目だけに絞り，わからないところはすぐに講師に尋ね，宿題を塾で済ませるようになりました。そのため宿題の負担も減り，睡眠時間を確保できるようになり，授業中もしっかり起きて授業を聴くことができるようになりました。

 ## 学校内で配慮・実践すべきこと

①養護教諭に児童・生徒が，気軽に身体やこころの相談ができる環境をつくる（➡『学校で知っておきたい精神医学ハンドブック』2ページ）
②寝てしまうことに関する本人の気持ちを聴く
③保護者から早めに本人の健康状態や生活リズムなどの情報を得る
④睡眠の状況や生活リズムを把握する（睡眠時間など）
⑤給食の様子を確認し，自宅での食事の様子を尋ねる
⑥寝ていることの理由がわからないままの単なる叱責は避ける
⑦支援を通し，本人が変化していったことを学校と家庭とで共有する

 ## どのように考えたらよいのでしょうか

　Aさんの場合，Bさんの場合ともに，養護教諭と相談し可能性のある事柄を考え，叱責するのではなく，本人や保護者から睡眠の状況，生活リズム，本人の気持ちを尋ね，本人の特性や置かれている状況を把握することがまず実践したいところです。Aさんの場合，あまりにも叱責されるためつらくなり，じっとしていられるようにしたいと保護者に訴えました。保護者は思い悩んで小児科に連れていきました。そこで，注意欠如多動症（ADHD）の診断を受け薬物療法（グアンファシン塩酸塩徐放錠〔インチュニブ〕）が開始となりました。そして，その副作用で授業中に眠ってしまったようです。保護者は，診断名を学校側に伝えたくなく，秘密にしていたため，担任も急に寝始めたことに関して授業がスムーズにいくことも

あり，しばらく様子をみたようです。児童や保護者と良好な関係であれば，児童や保護者が担任に相談でき，こういったケースは避けられると思います。お忙しいでしょうが，連絡帳などを活用し，保護者とのコミュニケーションをとる工夫をお願いします。Bさんの場合のように，授業中に眠るときに考えられる睡眠不足症候群，睡眠時無呼吸症候群，夜間摂食症候群などの睡眠障害については，『学校で知っておきたい精神医学ハンドブック』が参考になります。この場合も，生活リズムなど丁寧に話を聴く必要があります。

他にどんなことが考えられるでしょうか

起立性調節障害（OD）については『学校で知っておきたい精神医学ハンドブック』（前著），および後出の「48. しんどいといって毎朝保健室に来る」も参照してください。この場合，朝のしんどさが顕著です。家庭の事情（ヤングケアラー，虐待など）やゲーム依存（ゲーム症〔ゲーム障害〕）などが隠れていることもあります。慎重に情報を集めることが大切です。まず体調の悪さについて考えるようにもしたいものです。

◆参考

グアンファシン塩酸塩徐放錠（インチュニブ）には眠気の副作用があり，授業中に眠ってしまうこともよくみられる。血圧低下，心拍数の減少も生じることがあり，保健室での定期的な測定が推奨される。

神経発達症（発達障害）の睡眠障害……神経発達症の児童・生徒は睡眠障害の併存が多く報告されており，生活指導が基本であるが，メラトニン（メラトベル）が神経発達症の不眠に対し保険適用となった。

過眠障害／過眠症……夜間の睡眠が十分取れるにもかかわらず，日中過剰な眠気を覚え，何回も繰り返し入眠し，覚醒を保てずすぐ眠ってしまう。十分な睡眠でもすっきり感がないのが特徴である。

5

清潔好きで手をよく洗う，制服まで毎日洗う

　コロナ禍では，清潔好きがますます清潔にしなければならないと思うようになり，新型コロナウイルスが付いていると必要以上に手を洗い，感染予防がいきすぎる児童・生徒も見受けられました。清潔好きの度が過ぎた例を見ていきましょう。

考えられる疾患や症状

①下記の②〜④以外の場合

②強迫症（➡『学校で知っておきたい精神医学ハンドブック』90 〜 93 ページ）

③自閉スペクトラム症（ASD）（➡『学校で知っておきたい精神医学ハンドブック』156 〜 158 ページ）

④神経性やせ症（AN）（➡『学校で知っておきたい精神医学ハンドブック』97 〜 101 ページ）

症例

■Aさん（14 歳　中学 2 年生　女子）

　Aさんはもともと清潔好きでよく手を洗い，持ち物もきれいに整頓して学校でも家庭でも褒められていました。学校では，保健委員として活躍していました。保健室にも他の生徒の付き添いで，来ていました。保健委員会の活動でも積極的でした。新型コロナウイルス感染症に関する報道を見るようになり，学校でのコロナ対策指導も徹底するようになってから，も

っときれいにしなければならないと帰宅後 1 時間以上石けんで手を洗い，それを何回も繰り返すようになりました。学校が休みに入る前には，学校から帰宅後，制服を洗濯機に入れシャワーを浴びないと自分の部屋には入れなくなりました。

　緊急事態宣言が出された後，休校措置がとられるようになり，自宅での生活が始まると全く外へ出られなくなりましたが，外に出ずに済み安心したのか，手洗いはおさまり，制服の洗濯もしなくなりました。

　養護教諭は A さんが保健委員でもあり，保護者が PTA 役員もしていたことから，保護者と顔見知りであり，PTA の仕事の相談にものっていました。緊急事態宣言中に保護者は養護教諭に解除後の対応について相談していました。保護者は，養護教諭に学校内の専門家として支援をお願いしました。そして，養護教諭は，新型コロナウイルス感染症や感染予防の正しい方法を丁寧に説明しました。A さんは正しい知識を自分なりに解釈し納得できたのか，学校再開後，遅刻もせず休むことなく登校できるようになりました。ただ，以前より少し大雑把に見えるときもあります。

学校内で配慮・実践すべきこと

①不安軽減のため，感染症に関する正しい情報を提供する

②感染予防の正しい方法を教える

③休校中はさまざまな手段（電話，FAX，ICT の活用など）により可能な限りコミュニケーションをとり，児童・生徒や保護者，教職員の孤立を防ぐ

④保護者と連絡を取り合い，子どもの心身の健康を協力して見守り，支援する（➡『学校で知っておきたい精神医学ハンドブック』210 ページ）

⑤医療機関などの支援機関と連絡を取り合い，学校内外での継続したメンタルヘルスケアサービスを提供する

⑥支援を通し，本人が変化していったことを学校と家庭とで共有する

どのように考えたらよいのでしょうか

　Aさんは，新型コロナウイルスの報道や，感染予防対策をきっかけに不安が強くなり，手を何回も洗うという強迫症状が出現しました。症状がエスカレートし制服を洗わないと部屋に入れなくなりました。休校措置後，家から出なくなり，新型コロナウイルス感染症にならずに済むと安心し，強迫症状が改善した例です。Aさんは早期に回復しましたが，長く続くこともあります。その場合は，認知行動療法や薬物療法が用いられています。

 ## 他にどんなことが考えられるでしょうか

　こだわりの強い自閉スペクトラム症（ASD），神経性やせ症（AN）を合併する児童・生徒がみられます。コロナ禍以外でもさまざまなストレス負荷場面でもみられます。ストレス負荷の軽減，ストレス対処法を考え，自閉スペクトラム症では，他のより安全なこだわりを探すことも一つの方法です。神経性やせ症では，強迫症状を視野に入れながら認知行動療法を行うことがあります。食事がとれることで，強迫症状が軽減することや強迫症状の改善に伴い食事がとれるようになることもありますが，食事はとれるようになったが強迫症状から抜け出しにくいことも報告されています。

◘ 参考 ─────────────────────────

　強迫症状に対する治療法として，認知行動療法が推奨されている。スクールカウンセラーと相談して必要ならば，適切な機関を紹介するのが望ましい。

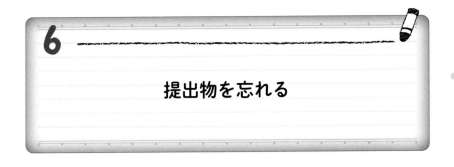

提出物を忘れる子はよくみられますが，それを防ぐのは担任の工夫の見せどころでもあります。何回も注意しても提出物を忘れる児童について見てみましょう。

考えられる疾患や症状

①下記の②〜④以外の場合

②注意欠如多動症（ADHD）（➡『学校で知っておきたい精神医学ハンドブック』153〜155ページ）……提出物を出さないではなく出せない

③②以外の神経発達症（発達障害）（➡『学校で知っておきたい精神医学ハンドブック』156〜179ページ）

④健忘症候群（➡『学校で知っておきたい精神医学ハンドブック』192〜199ページ）

症例

■Aさん（10歳　小学4年生　男子）

Aさんは小学校入学以来，忘れ物やなくし物が目立ち，毎日のように宿題や連絡帳など提出が必要なものを出しませんでした。学校へ持ってきていても出さないことがありました。小学4年生になり新しい担任から毎日のように叱責され，反省帳に忘れませんと何回も書かされました。それでも懲りずに提出せず，逆に反抗的に食ってかかるようになりました。担任は，このような態度では先が思いやられると，保護者を呼び厳重に注意

するよう保護者に伝えました。Aさんは，自宅でも何回も叱責されるようになりました。ある日登校途中にAさんの興味のあるものがあったらしく，それに誘われ登校せず大騒ぎになりました。

 ## 学校内で配慮・実践すべきこと

①校内の教職員が本人について気づいた言動を共有し，養護教諭やスクールカウンセラーと共に本人の特性を話し合う
②本人の気持ちを聴く
③提出物を出せない事情を尋ねる（責めずに事情を尋ねる）
④保護者から幼少期や小学校入学後の本人の様子などの情報を得る
⑤叱責は避ける
⑥本人が抱える課題に沿った支援を行う
⑦支援を通し，本人が変化していったことを学校と家庭とで共有する

どのように考えたらよいのでしょうか

　このタイプの児童・生徒に出会った場合，ゆっくり話をし，提出物を出せない事情を叱責することなく丁寧に柔らかいトーンで尋ねます。叱責により，児童・生徒に負担がかかり，症状が悪化し，本来なら不要だった薬物療法が開始になることもあります。薬の副作用でつらい目に遭わせることになる場合もあります。提出物を出せないときに，「あなたが提出物を出せるように協力したい」と児童・生徒の立場に立ち，穏やかな声で提案すると，児童・生徒も自分の本当の気持ちを言いやすいようです（「自分でも気をつけているが，つい忘れてしまう」，「他のものに目がいくとその前のものが抜けてしまう」など）。Aさんの小学1年生時代からの情報では，「1年のときは落ち着きなく授業中も動き，2年のときは座っていても手足は動いていた。休み時間は一番に運動場に飛び出し，授業が始まっても戻ってこなかった」とのことでした。スクールカウンセラーや養護教諭

は注意欠如多動症（ADHD）の可能性を疑い，教職員側でいろいろと工夫が必要と考え，保護者と協力してご褒美作戦などを開始したところ，徐々に提出物を出せるようになりました。その後，児童精神科を受診し，注意欠如多動症と診断され，適切な対応が提案されました。

 ## 他にどんなことが考えられるでしょうか

提出物を忘れるときに考えられる疾患として，そのほかの神経発達症（発達障害）の場合，提出する意味がわかっていないことや，提出することがしっかり記憶されておらずしばしば忘れることがあります。この場合には，支援者側のさらなる工夫をお願いしたいと思います。健忘症候群の場合は，それまで忘れるエピソードがなかったのに急に提出を忘れるようになり，上記の神経発達症とは区別されます。

7

宿題をしない，できない／宿題があることを忘れる／宿題をしても出さない

　宿題をしないことにも，いろいろな背景が考えられます。一概にサボりや怠けと決めつけ，むやみに叱責するのは避けたほうがよいと思います。丁寧に話を聴き，宿題をしない事情を把握することに努めましょう。個々の事情に配慮し，支援していく時代が来ていると強く感じます。

考えられる疾患や症状ほか

①下記の②〜⑥以外の場合

②知的発達症（➡『学校で知っておきたい精神医学ハンドブック』164〜166ページ）

③発達性学習症（学習障害）（➡『学校で知っておきたい精神医学ハンドブック』159〜161ページ）

④注意欠如多動症（ADHD）（➡『学校で知っておきたい精神医学ハンドブック』153〜155ページ）

⑤自閉スペクトラム症（ASD）（➡『学校で知っておきたい精神医学ハンドブック』156〜158ページ）

⑥家庭の事情（ヤングケアラー，虐待）（➡『学校で知っておきたい精神医学ハンドブック』210，230〜232ページ）

症例

■Aさん，Bさん（ともに12歳　小学6年生　男子）

　Aさん，Bさんとも，小学校入学以来，夏休みの宿題に苦労していまし

た。小学校3年，4年のときは二人とも宿題が出せませんでした。小学校5年の2学期直前には腹痛や頭痛が生じ，宿題どころではありませんでした。Aさんは宿題に最後まで取り組めずいつもぎりぎりになっていましたが，小学校5年の夏休みには両親から叱咤激励され，身体症状まで出現しました。Bさんは宿題に早くから取りかかりましたが，夏休みの終わりにはまだ途中までしかできず，最後はつらくなり身体症状が出現しました。

■Cさん（13歳　中学1年生　男子）

Cさんは，小学校で宿題で苦労していたという情報は入っていませんでした。中学校入学後，宿題を出せず授業中もぼーっとしていることが多く，担任や各教科の教師たちから毎日のように叱られ，景色が斜めにゆがんで見え，体がふらふらすると訴えるようになりました。食欲も落ち，意欲も全くなくなりました。夏休みの宿題もほとんどできず，登校を渋るようになりました。

■Dさん（14歳　中学2年生　女子）

Dさんは中学1年生までは宿題もしっかり提出し，成績も良く学校でも教師や友達に頼りにされていました。中学2年生になり，家庭の事情で校区外に引っ越しをしましたが，同じ中学校に通いました。その頃から宿題を出さなくなり，成績も落ちてきました。担任が呼び出し，「こんなことでは高校へ行けなくなるぞ，1年生のときのおまえはどこに行ったんだ」と叱責されましたが，つらそうな表情で，頑張りますと一言言うのみで，他は何も言いませんでした。

■Eさん（8歳　小学2年生　女子）

Eさんは漢字を書くのが苦手で，字画が1本少なかったり鏡文字になったりしました。しばしば叱責され，文字を書くのが怖くなり，宿題ができませんでした。宿題は絶対しなければならないと思っていたため，つらく

て仕方ありませんでした。徐々に腹痛や頭痛が生じるようになり，登校を渋るようになりました。

学校内で配慮・実践すべきこと

①学年や教科担当の教員，養護教諭と相談し，授業中の態度や提出物，成績や休み時間の過ごし方などを観察する

②本人の宿題に関するつらさを聴く

③宿題の量や質が能力的に負担になっているのかどうか，①②の情報を総合的に検討する

④③により，本人の得意な分野や不得意な分野を把握する（ストレングスを見つける）

⑤本人の特性をつかみ，不注意の具体的なエピソードを思い起こす

⑥本人にどのようなこだわりがあるかを探索する

⑦宿題を出せない事情を尋ねる（家族の中に支援が必要な方がいるか，本人との信頼関係ができている教職員が慎重に事情を尋ねる）

⑧保護者から情報を得る（丁寧かつ慎重に，一度にすべて聞き出そうとしないことが重要）

⑨叱責は避ける

⑩支援を通し，本人が変化していったことを学校と家庭とで共有する

どのように考えたらよいのでしょうか

■Aさん，Bさん

Aさん，Bさんの特性をまず知る必要がありました。Aさんはそれまでも宿題や課題に最後まで取り組めず，課題ができていたとしても出すのを忘れることがしばしばありました。何回も催促されても，「出します」と言って出さないこともありました。しばらく経って，気がついたときには鞄の底で見つかることもありました。Bさんは，宿題を早くから始める

のですが，きちんと仕上げようとして最後まで見届けずにはいられないため，なかなか完成しません。しかも，中途半端では出せず結局提出しないことになります。これらの特徴に小学校6年の担任は気づき，Aさんには夏休みに何回か学校に呼び出し宿題タイムをつくり，付き合った結果，宿題が夏休みに完成して，完成したものを担任が預かったところ何年間も宿題を出せなかったAさんが皆と同じ日に宿題を出せました。Bさんは昆虫に興味があり，蟬が脱皮する様子を観察したいと夏休み前に担任に話し，担任が賛同して研究に協力し，母親のスマートフォンを通して週に何回か激励をしました。Bさんの粘り強い観察の結果，脱皮の瞬間を捉えた撮影に成功しました。周りの支援により，こだわりが活かされ，宿題として成果が得られたのでした。

■Cさん

　Cさんの場合は，担任が困って養護教諭に相談しました。Cさんと，Cさんの母親に保健室に来てもらい，事情を詳しく尋ねました。小学校の間も実は宿題ができていませんでしたが，母親が代わりにずっとやっていました。中学校入学後，勉強が難しくなり母親の手にも負えなくなりました。宿題が出せなくなり，本人もどうしてよいかわからなくなり身体症状が出たようでした。担任，養護教諭，スクールカウンセラー，学年主任，管理職で相談し，本人にとって難しい科目は個別に指導する体制をとることをCさんと母親に伝え，了解を得て開始しました。宿題は本人の能力に合ったものになり，本人も頑張ってやれるものはやり，難しいものは教師に尋ねるようになりました。徐々にCさんの身体症状も取れ，学校内でも明るく振る舞う姿がみられるようになりました。Cさんと母親との話し合いが続き，中学校2年からは特別支援学級を利用しました。その後は，笑顔も多くなり，活気のある学校生活を送ることができました。教育相談にて発達検査を受けたところ，軽度の知的発達症と診断されました。

■Dさん

　Dさんの場合も，担任が養護教諭とスクールカウンセラーに相談し，スクールカウンセラーから話を聴くことになりました。そこで，中学2年生になってから祖父母の介護が必要になり転居していたことがわかりました。共働きの両親の帰宅が遅いため，Dさんが学校から帰った後，祖父母のお世話をすることになり，勉強する時間がほとんどとれなくなりました。スクールソーシャルワーカーもチームに入り家族全体の相談にのり，福祉との橋渡しもし，祖父母の支援がヘルパーや訪問看護，デイサービスなどをフルに利用し行われるようになりました。そのぶん，Dさんの時間もとれるようになり，放課後に学校で自習する部屋も提供したところ，宿題もしっかりやれるようになり，提出を忘れることはなくなりました。

■Eさん

　Eさんは，発達性学習症（学習障害）があり，気づかれずにいました。叱られてもどうにもできなくて，不安が増大し，身体症状が出現しました。保健室へ通うようになり，養護教諭が発達性学習症を疑い，支援センターを紹介しました。そこでは，丁寧に話を聴いてもらい，心理検査を行い，学校での支援方法についてもアドバイスがありました。

他にどんなことが考えられるでしょうか

　ヤングケアラーや，ネグレクトなどの虐待の場合も，宿題を出せない場合があります。サボり，怠け，家庭の問題と片づけず，学校内から丁寧に情報を集め，管理職，スクールソーシャルワーカーらと相談し，対策を検討していただけると支援方法が見つかります。

◖ 参考 ────

　ストレングス……本人が持っている強み，能力，長所などを意味するが，学校では苦手な点，欠点，できないところに目がいきがちでストレングスに注目すること

は少ない。「提出物を忘れる」ことは，苦手な点の典型的な例である。好奇心旺盛，積極的など，強みを見つけるよう常に児童・生徒の行動に目を向けることが期待されている。

8

しゃべらない

　学校では全くしゃべらない子どももいます。家ではよくしゃべるのに，家以外ではしゃべれません。このような子に対して，どのように対応したらよいかを考えてみましょう。

考えられる疾患や症状

①下記の②～⑦以外の場合

②場面緘黙症（➡『学校で知っておきたい精神医学ハンドブック』86 ページ）

③社交不安症（➡『学校で知っておきたい精神医学ハンドブック』79 ～ 81 ページ）

④コミュニケーション症／コミュニケーション障害（➡『学校で知っておきたい精神医学ハンドブック』167 ～ 169 ページ）

⑤変換症／転換性障害（機能性神経症状症）（➡『学校で知っておきたい精神医学ハンドブック』27 ～ 28 ページ）

⑥心因性失声症（➡『学校で知っておきたい精神医学ハンドブック』172 ページ）

⑦吃音症（➡『学校で知っておきたい精神医学ハンドブック』170 ～ 171 ページ）

症例

■Aさん（7 歳　小学 1 年生　女子）

　Aさんは幼少時から家では声も大きく元気いっぱいに話し，保育園では表情もさほど不安そうでもなく，公園ではうれしそうに遊んでいましたが，全く話しませんでした。小学校に入学後は，返事もせず授業中に当て

られても教科書を読まず，日直で朝の挨拶のときも何も言わず立っていました。担任はこのままでは何も話せない子になってしまうと思い，母親に本人を厳しく指導すると伝えました。次の日，担任は，これからは朝の出席をとるとき返事をしないと欠席にします，授業中に声を出して教科書を読まなかったらずっと立っていてもらいます，とクラスメイト皆の前で宣言しました。クラスメイトはしゃべらないと言って，はやしたてたりするようになりました。Ａさんは最初は我慢して登校していましたが，5月の連休明けには学校に行きたくないと訴えるようになり，行こうとしなくなりました。

学校内で配慮・実践すべきこと

①学年の教員や養護教諭と相談し，授業中の態度や連絡帳，休み時間の過ごし方などを観察する

②保護者から小学校入学前までの家庭や保育園・幼稚園での様子について詳しく話を聴く（丁寧かつ慎重に）

③保健室で養護教諭，または相談室でスクールカウンセラーが本人の話せないつらさを汲み，紙に字を書いて質問するなど話し言葉以外の媒介を利用し，コミュニケーションをとる試みをする

④叱責はしない

⑤厳しい叱責は緘黙(かんもく)を悪化させると校内で共通理解をする

⑥支援を通し，本人が変化していったことを学校と家庭とで共有する

どのように考えたらよいのでしょうか

　学校で話せない状況を養護教諭やスクールカウンセラーとどのように対応したらよいか相談するとよかったのですが，この例ではなされませんでした。担任が頑張って厳しく指導したことはＡさんには適切ではなかったようです。担任は困ってしまい，養護教諭に相談しました。養護教諭

は，保護者，本人の両方から話を丁寧に聴き，対策を練りました。教室では話さなくてもよいと保証し，スクールカウンセラーが最初は遊戯療法による非言語的コミュニケーションを用い，本人に安心感を与えていきました。教室での役割を与え，できたらそのたびに褒め，ねぎらい，自信をつけていく作戦もとりました。通級指導教室で少人数でのグループによる訓練も行いました。小学校1年の終わりには非常に小さな声ですが，恥ずかしそうに話すようになりました。気の合う友達もでき，その子とは静かにですが，うれしそうに話をする姿もみられるようになりました。

他にどんなことが考えられるでしょうか

　人前で話すのが不安で，動悸や息苦しさ，気持ちの悪さを訴え，社交不安症の特徴を呈する児童・生徒がみられることもあります。この場合は，不安を軽減するアプローチが用いられます。緘黙症（かんもく）と社交不安症の合併もみられます。コミュニケーション症（コミュニケーション障害）では，特定の社会的状況に限定されません。うまく表現することや伝えること，感情の共有や表出，会話のやりとりが苦手です。丁寧できめの細かいリハビリが期待されます。吃音症（きつおん）の児童・生徒は「しゃべるとからかわれる」という不安からしゃべらないことが多く，絶えず神経をすりへらしている苦労をわかってあげてほしいと思います。心因性失声症は何らかの心理的原因で声を発することができない状態になります。それまで普通に話していたのが突然話さなくなります。変換症では原因がはっきりせず話せなくなります。心理検査を行い，生活歴などを丁寧に時間をかけて振り返ると，アプローチの方法が通常は見つかります。

◘ 参考
　最近は，日本場面緘黙研究会や緘黙自助グループ，家族会などもできている。支援のための書物も発刊されている。緘黙の児童・生徒に関わるようになった場合は，参考にされることを期待したい。

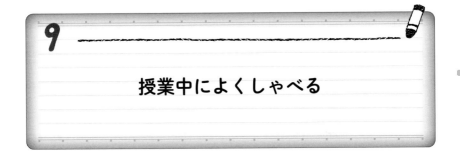

授業中に突然自分の思っていることを話し始め，注意してもしばらく経つと再び話し，後ろの席のクラスメイトに話しかけたり，運動場で体育をしている児童・生徒に話しかけたり，独り言を言ったりする児童・生徒が時にみられることがあります。そのような児童・生徒に対し，どのように対応したらよいのでしょうか。考えてみましょう。

考えられる疾患や症状

①下記の②〜④以外の場合
②注意欠如多動症（ADHD）（➡『学校で知っておきたい精神医学ハンドブック』
　153 〜 155 ページ）
③自閉スペクトラム症（ASD）（➡『学校で知っておきたい精神医学ハンドブック』
　156 〜 158 ページ）
④躁状態（➡『学校で知っておきたい精神医学ハンドブック』146 〜 147 ページ）

症例

■Aさん（7歳　小学1年生　男子）

　Aさんは，小学校入学後，教室では教師が質問したことに一番に答えようとし，教師が他の子を当てたときでも，その子が答える前に答えてしまいます。教師が黒板を使って説明しているときにも，突然話しだします。授業内容と全く違う話もし，教師は困ってしまい，強く叱責しました。本

人は懲りずに，思いついたら授業中でも休み時間でも，いつでも話しだします。給食の時間も，コロナ禍で話をせずに食べるルールになっていても，一人だけずっと話しています。担任はさらに困り，廊下に机と椅子を出してそこで授業を受けなさいと指導しました。帰宅後，Aさんが保護者に話したところ保護者はびっくりして，教頭に電話がかかりました。

学校内で配慮・実践すべきこと

①校内の教職員で状況を共有し，養護教諭やスクールカウンセラーと相談し，本人が抱える課題を検討する

②小学校入学前までの様子を保護者に尋ねる（丁寧かつ慎重に）

③本人の気持ちを尋ねる（丁寧かつ慎重に，しんどいことを一度にすべて聞き出そうとしない態度が重要）

④本人と一緒に対策を練る（本人の特性やペースに沿ったスモールステップを意識する）

⑤クラス全体でルールをつくる（本人だけに目を向けるのではなく，クラス全体の課題にも目を向けたルールづくり）

⑥ルールを守ればご褒美を考える（ご褒美の内容や与える方法，場所，時間などを丁寧に検討）

⑦支援を通し，本人が変化していったことを学校と家庭とで共有する

どのように考えたらよいのでしょうか

本人の気持ちをじっくりと聴き，あまり考えずつい話してしまうのか，興味のあることを話したいのか，自分の知っていることを披露したいのか，など，どういうことから授業中に話をしてしまうのかを確認して対策を練ることが勧められます。理由がはっきりしてきて本人の気持ちを汲み，ルールを決めた場合（手を挙げて当てられたら話すなど），結構守るようです。話してもよい「お話タイム」をつくり，そこでは自由に話させ

ることも有効です。独り言の多い児童・生徒は独り言で不安を軽減したり，自分を鼓舞していることもあり，他の人の迷惑に気づいていない場合や本人自身なぜ言葉が出るかわかっていない場合もあります。むやみにやめさせると危険（自傷，他害など）を伴うこともあります。不安に対しては，不安の原因を探し，不安対策を練ることも一緒に考えます。「声のものさし」を利用してゼロの声を学ぶことを提案していくことも考えてみましょう。

他にどんなことが考えられるでしょうか

　注意欠如多動症（ADHD）の場合は，成長とともに自由に話すことは減ります。低学年の場合は，集中力を保つ時間が短いため休憩を頻繁にとることで話をする時間が短くなることもあり，薬物療法によって指示が通りやすくなり，衝動性が改善することもみられます。自閉スペクトラム症（ASD）の場合は，場面を理解していないことが多いようです。また，独り言によって不安軽減になることもあります。めったにみられませんが，躁状態の場合は，話があちこちに飛び，授業中だけでなく，休み時間，給食などどの場面でもよく話します。精神科受診が必要です。

▶参考

　声のものさし……0～5段階くらいまで声の大きさで分ける声の出し方のものさし。例えば，校庭の離れた所からの声，体育館，クラス，数人のグループ，隣のクラスメイト，声を出さないで心の中で思うなど段階に分ける。

教室で声が出る

　教室で咳払いをしたり，鼻や喉を鳴らしたり，「あ」といった声を出したり，独り言のような言葉が出たりする児童・生徒が，たまに見受けられます。授業中にも声が出ることがあり，担任としても授業をスムーズに行う支障になり，困ることもあるようです。教室で声が出る児童・生徒について見ていきましょう。

考えられる疾患や症状

①下記の②〜⑥以外の場合

②チック（➡『学校で知っておきたい精神医学ハンドブック』240〜242ページ）

③注意欠如多動症（ADHD）（➡『学校で知っておきたい精神医学ハンドブック』153〜155ページ）

④注意欠如多動症（ADHD）以外の神経発達症（発達障害）（➡『学校で知っておきたい精神医学ハンドブック』156〜158ページ）

⑤不安または恐怖関連症群（➡『学校で知っておきたい精神医学ハンドブック』72〜89ページ）

⑥統合失調症群（➡『学校で知っておきたい精神医学ハンドブック』148〜152ページ）

症例

■ A さん（11 歳　小学 5 年生　男子）

　A さんは緊張すると咳払いをすることが多く，注意されて咳払いを我慢していましたが，声も自分の意思に関係なくボソボソと授業中に出ることがありました。担任からそのたびごとに注意され，声を出すまいと意識すればするほど，さらに声が出てくるようでした。担任から何回も叱責されたため，つらくなり，学校に行きづらくなりました。

 学校内で配慮・実践すべきこと

①どういった声が出ているのかを把握する

②どういった状況下で声が出ているかをつかむ（クラス内の反応も観察）

③わざと意識的に声を出しているとは限らないことを校内で共通理解をする

④養護教諭やスクールカウンセラー，管理職と相談し，校内でできる支援を話し合う

⑤学校医に相談する

⑥保護者と話し合う

⑦対策を練る（学校でできること，家庭でしてもらいたいことなど，具体的かつ無理のないような支援を検討。その際には学校医や養護教諭，スクールカウンセラーなどの専門家にも意見を求める）

⑧必要なら医療機関を紹介する（できれば，児童精神科医または心身医学に詳しい小児科医）

⑨支援を通し，本人が変化していったことを学校と家庭とで共有する

 どのように考えたらよいのでしょうか

　授業中にも声が出る場合，チックの可能性が非常に高いので，チックの

特徴を理解し，学校全体で話し合い，対応策を練ることにより，児童・生徒の状態を理解し，適切な対応をすることが可能になります。必要ならば，専門医に紹介してアドバイスを受けます。

他にどんなことが考えられるでしょうか

　不安症で，不安の高い児童・生徒，注意欠如多動症（ADHD）で，衝動性の目立つ児童・生徒，自閉スペクトラム症（ASD）で，場面の理解が苦手な児童・生徒にも生じることがありますが，適切な対応ができれば長期間続くことは通常は少ないようです。統合失調症の独語（幻聴との対話でぶつぶつ言う）は治療が必要ですので，養護教諭，スクールカウンセラー，管理職，学校医と相談して精神科への紹介が必要です。

◖ 参考

　薬物療法（例：リスペリドン〔リスパダール〕，アリピプラゾール〔エビリファイ〕，ハロペリドール〔セレネース〕，クロニジン〔カタプレス〕，アトモキセチン塩酸塩〔ストラテラ〕，グアンファシン塩酸塩徐放錠〔インチュニブ〕）が必要になることがあるが，チックへの保険適用が取得されている薬物はなく，慎重に処方されている。児童・生徒が服用している場合，教室での様子を丁寧に観察した情報は医療現場では大いに参考になる。

11 じっとしていられない，歩き回る／外ばかり見ている

　幼稚園や保育園では指摘されたことはないが，小学校に入った途端，目立つ子がいます。小学校入学前まであまり問題となっていなかったため，小学校で担任などから行動を指摘されると保護者はびっくりすることがあります。典型的な例を見てみましょう。

📋 考えられる疾患や症状

①下記の②〜④以外の場合
②注意欠如多動症（ADHD）（➡『学校で知っておきたい精神医学ハンドブック』153〜155ページ）
③その他の神経発達症（発達障害）（➡『学校で知っておきたい精神医学ハンドブック』156〜179ページ）
④むずむず脚症候群（レストレスレッグス症候群）など（➡『学校で知っておきたい精神医学ハンドブック』49〜50ページ）

😶 症例

■Aさん（7歳　小学1年生　男子）

　小学校入学後，最初から授業中全くじっとしていられず，歩き回ったり他の子の席に行って話しかけたりしました。部屋から出ていくこともありました。一番前の席にして，担任が注意を黒板に向けるよう声かけをした際には黒板の方を見ていましたが，声かけをしないと校庭ばかりを見てい

ました。担任は，「ここは幼稚園ではないのでしっかりと席に座って授業を受けるように」と注意し，毎日のように大きな声で「座るように」「出ていかないように」「黒板を見るように」と注意しました。それでも懲りないのか，突然「あ，ちょうちょがいる」と言って校庭へ走り出すこともありました。

 ## 学校内で配慮・実践すべきこと

①支援コーディネーター，養護教諭，スクールカウンセラーと相談し，特徴的な行動が何から来ているのか話し合う
②保護者と連絡をとり，家でも同じような行動があるかを確認する
③幼稚園や保育園に当時の行動パターンを確認する
④むやみに叱責しない
⑤教室内の座席を工夫する（授業中の様子観察，適切な声かけができる座席など）
⑥支援を通し，本人が変化していったことを学校と家庭とで共有する

 ## どのように考えたらよいのでしょうか

　学校内で，配慮すべきことをひととおり確認後，管理職を含めてその子の状態を把握し，早めに保護者と連絡を取り合い，支援の方向性について話し合うとよかったのでしょう。Aさんの場合は保護者も困っていることがわかり，学校と保護者の方向性が一致し，子どものこころの専門医を受診することになりました。

 ## 他にどんなことが考えられるでしょうか

　じっとしていられない，歩き回る，外ばかり見ている場合，不注意も目立てば，注意欠如多動症（ADHD）のことが多いのですが，授業内容が

面白くない，授業内容がわからない，授業中にどういった態度をとったらよいかわからないなど他の要素を考慮する必要があります。自閉スペクトラム症（ASD），知的発達症など他の神経発達症（発達障害）や，むずむず脚症候群（レストレスレッグス症候群）が合併していることもあります。丁寧に児童・生徒の状態を観察し，学校内で配慮すべきことを参考に，その子に合った対応をお願いします。

◘ 参考 ─────────────────────────

　「子どものこころ専門医」は，小児科医や児童精神科医が中心になって子どものこころに関わる分野での支援にあたっている。子どものこころ専門医機構のホームページに詳しく説明されており，専門医の氏名は公表されている。

　むずむず脚症候群は，レストレスレッグス症候群とも呼ばれ，不快な下肢の感覚を伴い，その感覚のため脚を動かしてしまう。夜間に多く，睡眠障害のもとになることがある。症状の背景に鉄欠乏症が存在することもあり，注意欠如多動症（ADHD）と間違えやすく，合併することもある。

───────────────────────────────

12

話を聞かない／落ち着かない

　授業中に限らず，体育館での朝礼や部活での指示などで話を聞いていないように見える子どもたちがいます。わざと聞いていないように見えることもありますが，実はいろいろな問題を抱え，配慮が必要なこともあります。話を聞かないことに関して，見ていきましょう。

考えられる疾患や症状

①下記の②～④以外の場合
②知的発達症（➡『学校で知っておきたい精神医学ハンドブック』164 ～ 166 ページ）
③注意欠如多動症（ADHD）（➡『学校で知っておきたい精神医学ハンドブック』153 ～ 155 ページ）
④その他の神経発達症（発達障害）（➡『学校で知っておきたい精神医学ハンドブック』156 ～ 179 ページ）

症例

■ A さん（11 歳　小学 5 年生　男子）

　小学 5 年生になり，勉強がさらに難しくなったと感じていたようです。席は一番後ろでした。授業中，肘をついたり，伏せたり，鉛筆をいじったりと，授業に集中せず話を聞かなくなりました。担任は何回も注意をしましたが，従わないので，廊下で立って授業を受けるようにと指導しました。廊下でもじっとしていられず，黒板を見る回数はさらに減りました。

担任は保護者に連絡をとり，Ａさんは保護者からも厳しく叱られました。本人はどうしたらよいかわからなくなり，登校できなくなりました。

 ## 学校内で配慮・実践すべきこと

①本人の話を聴く（本人に尋ねるときは丁寧かつ具体的にわかりやすく）
②これまでの学習状況や成績，保健室利用について調べる
③昨年度までの担任に話を聞く
④支援コーディネーター，養護教諭，スクールカウンセラーと対策を練る
⑤支援を通し，本人が変化していったことを学校と家庭とで共有する

 ## どのように考えたらよいのでしょうか

　授業中に話を聞かないときにまず考えることは，授業がわからない可能性の吟味です。Ａさんのこれまでの成績を調べ，前担任に話を聞いたところ，もともと勉強が苦手で小学4年生のとき，かなり試験でも苦労していたようです。小学5年生になり，さらに授業がわからなくなり，話を聞かなくなりました。このあたりを最初に本人から丁寧に話を聴き，本人の気持ちを汲みながら教室でできる支援をしていくことで，本人の教室でのモチベーションが上がり，授業も聞けるようになることがあります。幸い，スクールカウンセラーが中に入り本人の気持ちを聴き，担任と相談し，放課後残って少しずつ勉強を進めることで本人も納得し，授業中に話が聞けるようになりました。

 ## 他にどんなことが考えられるでしょうか

　腹痛，頭痛などの疼痛，発熱など体調が悪いとき，不安が強いとき，注意欠如多動症（ADHD）の場合も，話を聞かない，落ち着かないことがあります。注意深い観察と優しく工夫した問いかけ，保健室でのやりとり

と手当てでそれぞれの違いはわりと簡単にわかります。原因に応じた対応を行います。また，能力のある児童・生徒の中には，授業内容が退屈で，ほとんど聞いていないこともあります。興味を持てるような工夫が期待されます。

13 指示が通らない（よくわかっていない／わかっているがやらない）

　小学校入学後から，指示が通らず，よくわかっていないように見える子や，わかっているようだが指示に従わない子がみられます。高学年になると指示が通るようになるタイプの子もいますが，ずっと指示が通らないタイプの子もいます。また，低学年の間は指示が通りますが，高学年になると指示が通らなくなる子もいます。指示の通らない児童・生徒に関して見ていきましょう。

考えられる疾患や症状

①下記の②〜⑦以外の場合

②知的発達症（➡『学校で知っておきたい精神医学ハンドブック』164〜166ページ）

③自閉スペクトラム症（ASD）（➡『学校で知っておきたい精神医学ハンドブック』156〜158ページ）

④注意欠如多動症（ADHD）（➡『学校で知っておきたい精神医学ハンドブック』153〜155ページ）

⑤発達性学習症（学習障害）（➡『学校で知っておきたい精神医学ハンドブック』159〜161ページ）

⑥その他の神経発達症（発達障害）（➡『学校で知っておきたい精神医学ハンドブック』162〜163，167〜179ページ）

⑦反抗挑発症／反抗挑戦性障害（➡『学校で知っておきたい精神医学ハンドブック』128〜131ページ）

症例

■Aさん（7歳　小学1年生　女子）

　Aさんは，小学校入学後，教室では着席していましたが，筆箱をいじったり鞄からノートを出したり入れたりと落ち着きがありませんでした。担任が，ノートに文字の練習をしようと指示しても何もせずぼーっとしていました。そのため，教師がそばまで行ってノートを出し，鉛筆を出し，書き方を指導しました。次の時間は数字の練習でしたが，再び何もせずじっとしていたため，担任がそばに行き算数のノートを出し，鉛筆を握らせ，やり方を指導しました。全体での指示は通りにくいのですが，個別の指示はなんとか通りました。学校でのやり方がわかっていないようでした。担任は，Aさんの特性をつかみ，毎時間毎時間，全体の指示と個別の指示との両方を続けていきました。7月に入る頃には，ようやく全体の指示で取りかかることができるようになりました。

■Bさん（7歳　小学1年生　男子，Aさんと同じクラス）

　Bさんは，小学校入学後，授業の準備もしっかりし，黒板にも集中していました。字も数字もすでに書けるようでした。しかし，授業中に黒板に書いた文字を練習するようにと指示したところ，全くやろうとしません。教師がそばに行き，書くように指示しても，「もう書けるから」と言ってしませんでした。教師は「さらに字が上手になるように書こう」と提案しましたが，「きれいに書ける」と言って書きませんでした。保護者に連絡をとったところ，幼稚園でひらがなもカタカナもすべて書くことができ，自分の名前は漢字でも書くことができるとわかりました。数字も100まで書くことができ，足し算もできるようです。そこで，担任と保護者は話し合ってきれいに書けたらご褒美が出るようにしました。ご褒美が本人の好きなゲームのキャラクターのシールであったため，次の日から書くようになりました。

学校内で配慮・実践すべきこと

①本人の話をよく聴く（本人に尋ねるときは丁寧かつ具体的にわかりやすく）

②保護者と話し合い，学校と家庭での支援目標を共有する

③具体的な声かけを適宜行う

④指示が通るように工夫を行う

⑤指示が通った場合，褒めたりねぎらったりする（方法は校内や家庭でも共有）

⑥支援を通し，本人が変化していったことを学校と家庭とで共有する

 どのように考えたらよいのでしょうか

　最初はどういう児童かわからず担任自身も戸惑ったようですが，少し時間が経って本人の話を聴き，情報を集め，工夫をしたことで良い方向に進みました。このようにしっかり児童・生徒を見守り，傾聴し，情報を収集し，関係者で相談し，できる工夫を行い，適切な対応をすることが早期解決に結びつきます。

 他にどんなことが考えられるでしょうか

　不注意や落ち着きのなさが目立った場合，反抗的な場合は，行動観察を他の児童・生徒も含め丁寧に行います。他の児童・生徒との相互関係で生じることもあるからです。スクールカウンセラーや養護教諭，生徒指導担当教諭らと相談したうえで，教室全体の枠組みやルールの再設定などさらに一工夫要ります。受診が必要なこともあります。

◪ 参考 ―――――――――――――――――――――――――――――――――

　インクルーシブ教育……児童・生徒の多様性を尊重し，その特性のため苦手な部分が目立ち，授業への参加が困難な場合でも，本人の能力を活かすため適切な支援を行いながら，苦手な部分があまり目立たない児童・生徒と共に学べる教育環境をつくることである。事例の2人の児童（Aさん，Bさん）では，担任が工夫してこれまでと同じクラスにいられるようにできたのはインクルーシブ教育の一つであると言える。

―――――――――――――――――――――――――――――――――――――――

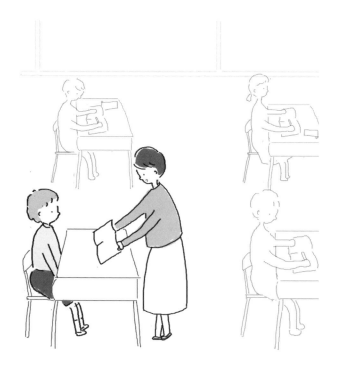

14 黒板を写さない，写せない

　授業が始まってもノートを開かず，ノートを開いても鉛筆を握らず，鉛筆を握っても何もせず，何かを書いても黒板の内容を書かない，何を写せばよいかわからないといった児童・生徒がみられることがあります。声かけでようやくノートを開いたり，鉛筆を握ったり，黒板の内容を写したりすることもあります。黒板を写さない児童・生徒について見ていきましょう。

考えられる疾患や症状

①下記の②〜⑥以外の場合

②知的アンバランス（ワーキングメモリーが低い）（➡『学校で知っておきたい精神医学ハンドブック』174ページ）

③知的発達症（➡『学校で知っておきたい精神医学ハンドブック』164〜166ページ）

④発達性学習症（学習障害）（➡『学校で知っておきたい精神医学ハンドブック』159〜161ページ）

⑤その他の神経発達症（発達障害）（➡『学校で知っておきたい精神医学ハンドブック』153〜158，162〜163，167〜179ページ）

⑥視力障害，ストレス性視力障害など

症例

■Aさん（8歳　小学2年生　女子）

　小学1年生のときには授業のペースもゆっくりであり，黒板も写せて，連絡帳にも黒板の連絡事項を書いていました。小学2年生になり，授業のペースが上がると，黒板を写す速度が落ちてきました。授業が終わってもまだ写していました。黒板係が黒板の文字を消すと，Aさんは悲しそうな顔になり，写すのをやめました。5月になっても黒板の字を書けませんでした。担任はそのことに気づいていなくて，ノート検査のときに気づいて黒板を写せていないことを指摘し，しっかり書くように指導しました。Aさんは検査のたびに指導されてつらくなり，ある日泣きだしました。放課後，担任が職員室に呼んで事情を聴くと，Aさんは泣きながら「書けない」と話しました。担任は，Aさんが物事をゆっくり行い，時間がかかるタイプだと初めてわかりました。そこで，黒板を写す時間をつくり，余裕を持って授業を行うことにしました。すると，徐々に字を時間内に写すことができるようになり，授業内容も復習して理解度が増し，2学期には授業を少し速く進めても黒板の字を写すことができるようになりました。

 学校内で配慮・実践すべきこと

①本人の話をよく聴く（本人に尋ねるときは丁寧かつ具体的にわかりやすく）

②黒板を写す状況をしっかり把握する

③黒板を時間内に写すのがなぜ遅いのかを分析する

④黒板が写せるように対策を練って工夫する（余裕を持ってゆっくりと行う，授業のプリントを渡すなど）

⑤全体の学習進度にも目を配る

⑥支援を通し，本人が変化していったことを学校と家庭とで共有する

どのように考えたらよいのでしょうか

　授業中に全体の状態を把握するのと同じく，個々の児童・生徒の授業理解を含めた状態を把握する習慣があるとよかったのでしょう。全体だけを重視すると，個々の児童・生徒の理解度を見る視点が抜け落ちる可能性があります。個々の児童・生徒の状態を把握すると，工夫しやすくなり，工夫することで個々の児童・生徒の能力が向上し，結果として全体の能力アップにつながると思います。

 ## 他にどんなことが考えられるでしょうか

　知的な問題（知的発達症）なのか，知的には問題ないが学習面の問題（発達性学習症〔学習障害〕）なのか，その他の発達面での問題（注意欠如多動症〔ADHD〕など）か，視力の問題，不安症などの精神面の問題が隠れているのかによって対応方法が違います。それぞれの基本的アプローチについては『学校で知っておきたい精神医学ハンドブック』（前著）を参考にしてください。ただ不安を増すような厳しい声かけは状態を悪化させますので避けてください。

◘ 参考

　ストレス性の視力障害（後出の「28. 見えない（視力検査で引っかかる）……」も参照）……学校での簡易的な視力検査では視力が出ず，授業中も黒板の字が見えないが，眼科での精密検査では視力が出る場合はストレス性の視力障害という。この場合，原因がはっきりしないことが多いが，ストレス負荷が軽減すると自然に改善することもある。まず黒板が見えにくいことを受け入れ，一番前の席で授業を受けさせるなどの担任からの心遣いも，児童・生徒のストレス軽減に効果的なことがある。

　ワーキングメモリーが低い児童・生徒では，黒板を写すことが苦手な場合がある。心理検査が行われワーキングメモリーが低いため支援が必要として支援機関から依頼があれば，校内で対策を練ることが二次的障害の予防につながる。

15

遅刻する

　毎朝，遅刻する児童・生徒がいるという経験をすることがあると思いますが，理由はさまざまです。朝起きず，何回も起こしても起きない場合や，起きてもぐずる場合，朝の支度でトラブルが生じ機嫌を損ねて時間がかかる場合，体調が悪い場合，学校に不安を感じている場合，などいろいろな理由が考えられます。遅刻する児童・生徒について見ていきましょう。

📋 考えられる疾患や症状ほか

①下記の②〜⑤以外の場合

②ヤングケアラー（➡『学校で知っておきたい精神医学ハンドブック』210 ページ）

③起立性調節障害（OD）（➡『学校で知っておきたい精神医学ハンドブック』13 〜 16 ページ）

④適応反応症／適応障害，不登校（➡『学校で知っておきたい精神医学ハンドブック』66 〜 67，206 〜 210 ページ）

⑤素行・非社会的行動症／素行症（➡『学校で知っておきたい精神医学ハンドブック』125 〜 127 ページ）

😀 症例

■Aさん（11 歳　小学 5 年生　女子）

　Aさんは，小学 5 年生になって，遅刻が目立つようになりました。毎日

のように担任が注意しますが，遅刻が続きます。家庭に連絡してもなかなか通じません。Ａさんに話を聴いても「明日から頑張ります」と言うだけで，次の日はやはり遅刻します。担任も厳しく叱責しましたが，つらそうな顔をして，「明日からは遅刻しません」と言うのみです。Ａさんには小学2年生の妹がいたため，妹の担任に尋ねたところ，妹も遅刻しているようです。妹の担任が妹に話を聴くと，母親が寝込んでおり朝起きてくることができないようでした。Ａさんは，朝食を作り，保育園児の弟の準備をし，妹の準備を手伝い，弟を保育園バスに乗せてから登校しているということがわかりました。担任は，養護教諭とスクールソーシャルワーカーと相談し，スクールソーシャルワーカーが福祉の担当と話し合い，保健師が家庭訪問をすることになりました。

 ## 学校内で配慮・実践すべきこと

①本人の話をよく聴く（本人に尋ねるときは丁寧かつ具体的にわかりやすく）
②きょうだいが他学年にいるかを確認し，いればその担任と話し合う
③養護教諭の把握している状況を尋ねる
④スクールソーシャルワーカーと相談する
⑤管理職とも相談する
⑥支援を通し，本人が変化していったことを学校と家庭とで共有する

 ## どのように考えたらよいのでしょうか

　高学年になると本人はなかなか家庭の事情を言わないものです。その背景にはこれまでわかってもらえてこなかった歴史があることが多いようです。また，話しても仕方がないと思っていることもあります。本人からの情報が得られない場合，きょうだいからの情報を早めに得ることも考慮したほうがよいでしょう。このケースのように，家族の問題が関係する場合

は，表面化しにくいことも多々あり，支援しにくいこともあります。担任とは立場の違う養護教諭がゆっくりと時間をとって聴くことで，いろいろなことがわかることがあります。わかった場合は他機関との連携が得意であるスクールソーシャルワーカーとの連携が必要になります。

他にどんなことが考えられるでしょうか

起立性調節障害（OD）の場合は，医療機関で行う新起立試験でわかります。早めにわかって，薬物療法が効果があり，リハビリがスムーズに進めば，徐々に遅刻もなくなっていきます。適応反応症（適応障害）の初期症状なら，早めに手を打てるとよいのですが，頻繁な遅刻まで進んでいると，症状がかなり悪化している場合も考えられ，そう簡単にはいきません。どうやったら安心して学校にいられるか児童・生徒の気持ちに沿った話し合いができ，安心できる環境をつくることができると遅刻は少なくなっていきます。

◘ 参考
ヤングケアラー……近年，ヤングケアラーの存在が明らかになってきているが，まだまだ学校内ではその発想が少なく，気づきにくいようである。神戸市などでは相談窓口として「子ども・若者ケアラー相談窓口」が開設されている。政府の初めての実態調査（小学6年生を対象）では，6.5％（約15人に1人）が「世話をしている家族がいる」と回答した。（毎日新聞2022年4月8日の記事より）

スクールソーシャルワーカー……学校内で，児童・生徒や保護者，学校，医療機関などの間に入り，解決のための支援をする役割を担っている。2019（令和元）年度には，全国で2659人が配置され，対応学校数は1万7763校であった。徐々に増えていき，活躍が期待されている。

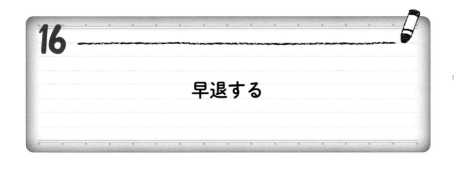

16

早退する

　頭痛・腹痛など体調が優れなかったり，学校にいることに不安を感じたり，いじめが実は隠れていたり，家での用事が実はあったりして，しばしば早退する児童・生徒もみられます。私が子どもの頃には，農業や漁業の繁忙期には家の仕事の手伝いで帰る児童・生徒は結構いました。早く帰れてうらやましかったのですが，本人は大変だったのだと思います。早退する児童・生徒について見ていきましょう。

考えられる疾患や症状ほか

①下記の②〜⑨以外の場合

②体調不良

③不安症（➡『学校で知っておきたい精神医学ハンドブック』72 〜 89 ページ）

④心身症（➡『学校で知っておきたい精神医学ハンドブック』10 〜 24 ページ）

⑤適応反応症／適応障害（➡『学校で知っておきたい精神医学ハンドブック』66 〜 67 ページ）

⑥いじめ（➡『学校で知っておきたい精神医学ハンドブック』214 〜 219 ページ）

⑦ヤングケアラー（➡『学校で知っておきたい精神医学ハンドブック』210 ページ）

⑧神経発達症（発達障害）（➡『学校で知っておきたい精神医学ハンドブック』153 〜 179 ページ）

⑨素行・非社会的行動症／素行症（➡『学校で知っておきたい精神医学ハンドブック』125 〜 127 ページ）

症例

■Aさん（11歳　小学5年生　女子）

　小学5年生になり，今まで仲のよかった友達は皆他のクラスになりました。新しいクラスになじめず，一人で登校し，一人で下校していました。担任はAさんの様子を見かねて，クラスで同じ方向に帰る何人かの子どもに一緒に帰ってあげたらと勧めました。担任は仲良く帰っていく姿を毎日見て安心していました。梅雨ごろになり，雨が午後から降りそうなとき，Aさんは体がしんどいと訴え早退するようになりました。梅雨が明けてもしんどさは減らず，給食が終了して掃除が終わった後に，毎日早退しました。担任が保護者に連絡し，自宅での様子を尋ねるとふさぎ込む姿がみられるようになったとのことでした。ある夜，母親と偶然一緒に入浴したところ，背中にあざがみられました。本人に理由を聞くと，泣くばかりで何も話しません。風呂から出た後，じっくりと話をすると「毎日クラスメイトにこづかれる」と告白しました。特に下校時，皆と一緒に帰るときに傘で背中や腹部を押された，とのことでした。保護者は早速担任と連絡をとり，担任は指導に入りました。

 学校内で配慮・実践すべきこと

①本人と信頼関係がある教職員が，時間をとり，話をよく聴く
②体調不良だけでなく，精神的にもしんどい場合は保健室を利用するように勧める
③昨年まで仲のよかった子どもの話を聴く
④校内の問題（いじめ），家庭の問題（ヤングケアラー）を念頭に置く
⑤支援を通し，本人が変化していったことを学校と家庭とで共有する

どのように考えたらよいのでしょうか

　本人と話をする時間をとり，一人で登校・下校をすることがつらくないかを尋ね，別に一人で登下校するのが問題なければ，本人に任せるのでよかったのだと思います。本人の気持ちを大切にすることが，まず配慮することです。また，昨年までの担任や養護教諭，他のクラブ活動の顧問などから話を聴くと，事情がわかることがあります。

他にどんなことが考えられるでしょうか

　いじめ，ヤングケアラー（前出の「15. 遅刻する」のAさんの例）の他にも，家庭の事情，体調不良，心身症，適応反応症（適応障害）の初期症状，素行・非社会的行動症（素行症）なども考えられます。学校職員で助け合って，学校全体として情報を集め，共有し対策を練ります。不安を軽減でき，信頼関係が築ける職員が一人でもいると早退は減っていきます。

17

教室に入れない

何らかのきっかけで教室に入れない児童・生徒がいます。不安や恐怖感が強くなり，自責感，恥ずかしさなど心に負担になることが大きくなり，教室に入る一歩が出ないことが多いようです。

考えられる疾患や症状

①下記の②〜⑤以外の場合

②不安または恐怖関連症群（➡『学校で知っておきたい精神医学ハンドブック』72〜89 ページ）

③ストレス関連症候群（➡『学校で知っておきたい精神医学ハンドブック』58〜71 ページ）

④気分症／気分障害群（➡『学校で知っておきたい精神医学ハンドブック』138〜147 ページ）

⑤神経発達症（発達障害）（➡『学校で知っておきたい精神医学ハンドブック』153〜179 ページ）

症例

■Aさん（15 歳　中学 3 年生　女子）

中学 3 年の秋の文化祭までは，問題なく順調に通っていました。文化祭が終わった翌日，教室に入ろうとし，突然うずくまりました。教室には入れそうになく，保健室へクラスメイトが連れていきました。保健室で，

養護教諭が血圧，脈拍を測定したところ，脈拍が120まではねあがっていました。話を聴くと，動悸，息苦しさ，胸痛，嘔気，発汗，めまいが認められました。ゆっくり保健室で休んだのち，教室に戻ろうとすると，教室の前で再び動悸，息苦しさが生じ，おかしくなるのではないかとAさんが混乱したため，再び保健室に戻り，ゆっくり休ませました。その日は保護者に迎えに来てもらい，帰宅しました。翌日から，教室に入ることを考えると動悸と息苦しさの症状が出現し，家を出ることも難しくなりました。Aさんは文化祭の行事で準備が大変で，ぎりぎりまでかかり，クラスのみんなに迷惑をかけたと親しい友達と母親に話していました。クラスの中心で準備をしていたこともあり，担任から何度も間に合うのか，できるのかとかなりきつめに言われていました。他のクラスメイトはなんとかなると楽観的でしたが，本人は相当追い込まれていました。無事に文化祭は終わったのですが，本人のストレス負荷は相当なものだったようです。その後自宅でゆっくり2週間ほど休み，放課後人がいないときに，学校へ行く練習，教室へ入る練習を行い，クラスメイトからも担任からもAさんのせいではないし，成功したのでよかったではないかと何回か話してもらい，保健室を利用しながら徐々に教室に入れるようになりました。

 ## 学校内で配慮・実践すべきこと

①本人の身体症状を理解し，身体症状が出現する間を中心に，保健室での休養を保証する（➡『学校で知っておきたい精神医学ハンドブック』83ページ）
②原因となるものを早めに把握し，対策を練る
③本人の話をよく聴き，つらさを汲み，頑張りをねぎらう
④本人だけを叱咤激励するのではなく，クラス全体のモチベーションを上げる声かけをする
⑤行事終了後，全員をねぎらい，クラス全体での頑張りを評価し，その日にそのことを伝える
⑥支援を通し，本人が変化していったことを学校と家庭とで共有する

どのように考えたらよいのでしょうか

　責任感の強い児童・生徒は行事に関しては，準備の過程で常にしっかりしないといけないと思い，準備が遅れると自分のせいと考えやすいようです。そのため，力を入れすぎ，終了後に半ば燃え尽きたような状態になり，不安が高まり，不安による身体症状が出現しやすくなります。Aさんにパニック発作と思われる症状が予期せぬ場面で生じ，本人，家族，クラスメイト，担任，養護教諭らはびっくりしてしまいました。対応として，安心感を与え，落ち着くまで保健室で休ませ，教室復帰に向けて皆で相談し一つずつリハビリとしてやれることをやり，徐々に回復したと思われます。

 ## 他にどんなことが考えられるでしょうか

　不安・恐怖が強いために教室に入れないことが多いのですが，自信のなさ，羞恥心，自責感などが背景にあることもあります。基本は，不安・恐怖の軽減が目標ですが，自信回復，自己効力感，ほどほどの責任感，割り切りの体得のための児童・生徒の持っている力を伸ばすアプローチも職員全体で持ち寄りましょう（エンパワメント→107ページ参照）。

18

行事に参加しない，参加したがらない

　運動会（体育大会など），音楽会，合唱コンクール，校外活動（遠足，自然学校や林間学校，科学館見学など），文化祭などに参加しない児童・生徒がいます。それぞれに理由があるのですが，なかなか外からはその理由がわかりにくいことがあります。ここでは行事に参加しない児童・生徒について考えてみましょう。

考えられる疾患や症状ほか

①下記の②〜⑥以外の場合

②社交不安症（➡『学校で知っておきたい精神医学ハンドブック』79 〜 81 ページ）

③分離不安症（➡『学校で知っておきたい精神医学ハンドブック』73 〜 75 ページ）

④他の不安症（➡『学校で知っておきたい精神医学ハンドブック』72, 76 〜 78, 82 〜 89 ページ）

⑤神経発達症（発達障害）（➡『学校で知っておきたい精神医学ハンドブック』153 〜 179 ページ）

⑥不登校（➡『学校で知っておきたい精神医学ハンドブック』206 〜 210 ページ）

症例

■ A さん（10 歳　小学 4 年生　女子）

　小学校入学後から一切の行事には参加しませんでした。小学 3 年生までは，担任も保護者もしかたがないと思って，何も対策を試みることはあ

りませんでした。小学4年生になると若い女性の担任になり，行事に参加しないのは何かわけがあるのではないかと思い，Aさんとゆっくりと話し合いました。そうするとAさんが，本当は行きたいけれど，いろいろなことが心配で行けないと話しました。皆で一緒に行動するとき失敗したらどうしようか，皆と同じことができなかったらどうしようかと，不安になるといいます。また，来年は，自然学校もあり，一緒に行動すること，一緒にお風呂に入ること，一緒に寝ることがとても心配だといいます。そこで，担任は今年，音楽会に参加できるよう，まず担任と一対一で練習し，次に仲のいい友達と少人数で練習をし，自信をつけることを提案しました。

　Aさんは楽器の演奏が非常に上手で皆からも認められ，他の子にも教えることができました。皆から大丈夫だと言われ，少しずつ不安が減り自信もついてきました。そして子どもだけの音楽会も不安でしたが，皆から声をかけてもらい，やり遂げました。保護者が参加する音楽会の当日には，真っ青になって震えていましたが，担任や友達から手を握ってもらい勇気を振り絞って参加し，無事最後まで演奏をしました。大きな拍手の中で，緊張で立ち上がれませんでしたが，やり遂げたというほっとした表情で座っていました。

　小学5年生になり，自然学校に備えて事前に現地に夏休みを利用して家族と一緒に旅行をし，スケジュールを早めに聞き，それに沿って行動もしました。本番では別室も確保し，養護教諭と一緒に行動をするという提案もなされましたが，結局自然学校では皆と同じ行動ができ，学校に戻ってからも自然に自信が表情に出ていました。

 ## 学校内で配慮・実践すべきこと

①丁寧に話を聴き，本人の不安やつらさを理解し，気持ちを汲む
②学校でできることを考え，対策を練る（本人の不安や緊張に対し，校内で事前に準備できること，家庭で準備できることを，学校と保護者とで

相談し，本人のしんどさを軽減していく。事前に本人に説明し，しんどい場合は他の方法もあることなどを提案しながら，本人に沿った支援を検討する）（➡『学校で知っておきたい精神医学ハンドブック』88 〜 89 ページ）

③工夫できることを持ち寄る

④効果のあった工夫は校内で共有しておく（他の行事や日常生活でも応用可能であるため）

⑤支援を通し，本人が変化していったことを学校と家庭とで共有する

 ## どのように考えたらよいのでしょうか

　小学 4 年生のときの担任が行ったように本人の話をよく聴き，不安を理解し，つらさを汲み，何ができるかを考え，対策を練り，実践することが低学年から行われていれば，もっと早く行事に参加できた可能性があります。忙しい学校において工夫できることを持ち寄ることも難しいでしょうが，教職員でいろいろと考えを出し合うことも大切だと思います。

 ## 他にどんなことが考えられるでしょうか

　背景に発達の問題や他の精神的問題がある場合がありますが，結局不安対策をどうするかです。不安軽減のための段階的アプローチと成功体験を繰り返すことが効果的です。レジリエンスの考え方を学びましょう（➡『学校で知っておきたい精神医学ハンドブック』69 〜 71 ページ）。

◪ 参考

　行事のみ参加する場合……遅刻・早退が多く，登校がなかなか難しい児童・生徒の中に，行事のみ参加可能な子どもがいる。この場合，他の児童・生徒はずるいなどと言い，それを放っておくと行事すら参加できなくなる。行事だけでも参加している姿勢を評価し，参加できるように取り計らうことで，本人が自身のつらさを理解してもらえていると感じて徐々に行事以外でも登校が可能になることは，しばしば経験するところである。

19

よくけがをする

　なぜかよくけがをする児童・生徒も見受けられます。こんなことでけがをするのかと驚くような場合もあれば，同じ場面でのけがが多い場合や，こんなことをやっていたら当然けがをするだろうと思える場合もあります。よくけがをする児童・生徒について見ていきましょう。

考えられる疾患や症状

①下記の②〜④以外の場合
②注意欠如多動症（ADHD）（➡『学校で知っておきたい精神医学ハンドブック』153〜155ページ）
③発達性協調運動症（DCD）（➡『学校で知っておきたい精神医学ハンドブック』162〜163ページ）
④その他の神経発達症（発達障害）（➡『学校で知っておきたい精神医学ハンドブック』156〜161，164〜179ページ）

症例

■Aさん（7歳　小学1年生　男子）

　もともと幼少時から活発でけがの多い子どもでしたが，小学校入学後も，休み時間にうんていから落下したり，体育の時間に転倒したりしてけがをし，保健室によく運び込まれていました。ある日，下校時に横断歩道を左右確認せず走って渡ろうとして，バイクに衝突され頭を強く打ち，救

急病院に運ばれました。

 学校内で配慮・実践すべきこと

①毎日の行動を丁寧に観察する（本人が何を見て行動しているのか，他の児童・生徒との動きの違い，教員からの指示を聞けているか，など）
②不注意に関する本人の行動を校内で共有する
③日頃からの声かけ（急ぎすぎない，次の行動をするときに確認する）
④担任や学年の教員から学級全体への安全指導を行う
⑤保健室での指導
⑥支援を通し，本人が変化していったことを学校と家庭とで共有する

 どのように考えたらよいのでしょうか

　あわてんぼうで，活動的でけがの多い子にはそれなりの支援が必要です。懲りないところがありますので，粘り強く丁寧な危険防止のための声かけが必要です。何回も声をかけることによってどこかで気づき，自然に気をつけることができるようになっていきます。声かけや丁寧な指導がないと，うまく危険を避けることはできません。

 他にどんなことが考えられるでしょうか

　不注意や衝動性に加えて，発達性協調運動症（DCD）に代表されるように神経発達症（発達障害）の児童・生徒に不器用から来るけがが多いようです。不器用な児童・生徒には，具体的で丁寧な自尊心を傷つけない指導ができれば，徐々にできることは増え，けがは減っていきます。お手本を見せ，本人のやり方を分析し，一緒にやり，最後に自分だけでやる練習をします。例えば，ボールの握り方，うんていの握り方，鉄棒の握り方も自然には習得できない児童・生徒には，それぞれの握り方を何回も具体的

に説明します。

　最初は失敗しても徐々に成功体験が増えると自信がつき，いろいろなものにトライできるようになります。上記の成功体験を通してエンパワメント（107ページを参照）を徐々に獲得できます。

20 倒れる

　学校現場では，倒れる，ふらふらとなる児童・生徒をみることがあると思います。倒れ方も千差万別で，突然バタッと倒れたり，顔色が真っ青になって倒れたり，真っ赤になったり，ふらっと倒れたり，崩れるように倒れたり，眠るように倒れたり，けがをしないように倒れたりします。

🗂 考えられる疾患や症状

①下記の②〜⑧以外の場合

②てんかん（➡『学校で知っておきたい精神医学ハンドブック』200 〜 204 ページ）

③起立性調節障害（OD）（➡『学校で知っておきたい精神医学ハンドブック』13 〜 16 ページ）

④過換気症候群（過呼吸症候群）（➡『学校で知っておきたい精神医学ハンドブック』17 〜 19 ページ）

⑤変換症／転換性障害（機能性神経症状症）（➡『学校で知っておきたい精神医学ハンドブック』27 〜 28 ページ）

⑥ナルコレプシー（➡『学校で知っておきたい精神医学ハンドブック』40 〜 42 ページ）

⑦過眠障害／過眠症（➡『学校で知っておきたい精神医学ハンドブック』43 〜 44 ページ）

⑧熱中症

症例

■Aさん（14歳 中学2年生 女子）

　体育の時間で体力測定のとき，手をついた状態から素早く起立する動作を何回かしたときに，突然倒れました。声かけをしたところ，なんとか返事は返ってきますが，ぼーっとした状態が続きます。保健室へ運んで血圧を測定したところ，収縮期血圧が69と著しく低下していました。ベッドでゆっくりと休ませたところ，徐々に回復してきました。回復した後，本人に尋ねると朝からあまり水分を摂取しておらず，めまいもあったとのことでした。翌日，小児科を受診したところ，起立直後性低血圧が認められて起立性調節障害（OD）と診断されました。

 学校内で配慮・実践すべきこと

①倒れたときの様子を観察し，養護教諭と相談する
②倒れた場所で，意識レベルを確認する（声かけをして反応をみる，脈拍をみる）
③保健室へ運び，血圧，脈拍，血中酸素飽和度，体温を測定し，呼吸状態を確認する
④これまでの健康に関する情報を確認する
⑤必要なら病院を受診する
⑥保護者に連絡する
⑦本人や保護者の話を丁寧に聴く
⑧支援を通し，本人が変化していったことを学校と家庭とで共有する

 どのように考えたらよいのでしょうか

　倒れたときには，いろいろな場合が考えられ，この症例のように素早く対応するのが重要です。学校によっては，起立性調節障害の診断がされて

も，あまり対応されないこともあります。起立性調節障害には，起立したときに血圧低下を伴わず著しい心拍増加がみられることもあります。この場合，体位性頻脈症候群と診断されるのですが，朝起きたときや急に動いたときに突然35以上の心拍数が増加することは，身体にとってかなり負担です。このような本人にとってしんどい症状への理解は学校現場でも必須の知識です。

他にどんなことが考えられるでしょうか

てんかんでは，けいれんが生じたり，意識がなくなることもあります。過換気症候群（過呼吸症候群）では，息の仕方でわかります。ナルコレプシーや過眠症は眠っているかどうかを観察します。熱中症は，体温や顔色で想像がつきます。変換症は原因がはっきりしないことが多いようです。どんな場合にしろ，保健室に運び（養護教諭が現場に向かう），血圧，脈拍，体温，呼吸数などを測定し，全身状態を確認し，救急病院へ運ぶか，救急車を呼ぶか判断します。人手がいるときには，校内放送で集めます。運ぶ必要がない場合も，病院受診の必要性の有無を判断し，児童・生徒，保護者に伝えます。

◖参考

体位性頻脈症候群……新起立試験の結果，起立時の心拍が115以上または，心拍増加が35以上の場合に診断される。なお，起立時心拍が115以上，心拍増加が45以上の場合は重症と判定される。

新起立試験……新起立試験は安静臥位10分後に血圧と脈拍を測定する。起立後，1，3，5，7，9，10分後（可能なら1分ごと）に血圧と脈拍を測定する。詳しくは以下参照。日本小児心身医学会編：小児起立性調節障害 診断・治療ガイドライン，小児心身医学会ガイドライン集 改訂第2版．南江堂，2015，p.33-34.

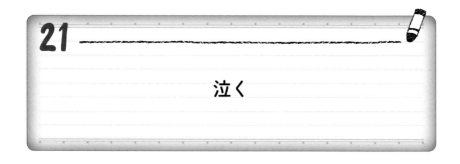

泣く

　低学年の間に，教師から叱られたとき，友達同士でのトラブルがあったとき，うまく勉強や体育ができなかったときなど，結構多くの児童・生徒が泣くことを経験すると思います。幼少時に大声で泣いていたのが，しくしく泣いたり，悔し泣きをしたり，必死でこらえたりするようになります。また，何かを思い出したように泣くことや理由もなく泣きだすこともあります。このように，泣くこと自体のありさまは成長とともに変化していきます。泣くことについて，見ていきましょう。

考えられる疾患や症状

①下記の②〜④以外の場合
②不安または恐怖関連症群（➡『学校で知っておきたい精神医学ハンドブック』72〜89ページ）
③気分症／気分障害群（➡『学校で知っておきたい精神医学ハンドブック』138〜147ページ）
④ストレス関連症候群（➡『学校で知っておきたい精神医学ハンドブック』58〜71ページ）

症例

■Aさん（11歳　小学5年生　男子）

　小学校入学後，毎朝母親から離れると校門の前で声をあげて泣いていま

した。徐々に学校に慣れ，教室で離れるときにも泣かなくなりました。他の児童が叱られると，目に涙がいっぱいになり，毎回泣いていました。小学5年生になると，厳しい男性教師が担任になりました。

Aさんは小学5年生のある時，忘れ物をして困ってしまい泣いてしまいました。理由を言わずただ泣くだけのAさんに，担任は，小学5年生にもなって泣くのはおかしい，泣くな，と厳しく指導しました。Aさんはさらに息もできなくなるくらいしゃくり上げ，収拾がつかなくなったため保健室へ行き，養護教諭が血圧と脈拍を測定しながら，ゆっくりと話を聴きました。そうしたところ，忘れ物をして叱られるのが怖くて泣いてしまったことがわかりました。養護教諭は担任と話し合い，児童が怖がって萎縮しないよう，話し方や指導について再考をお願いしました。担任は最初，自身のやり方は問題ないと言っていましたが，児童をのびのびと育てたいという気持ちもありました。何回か，担任は養護教諭とも話し合い，『学校で知っておきたい精神医学ハンドブック』（前著）も参考にして，むやみに叱るのではなく，丁寧に説明し，児童が抱えているそれぞれの不安やつらさなどにも目を向けるようになり，話をまず聴くことから始めるようになりました。

学校内で配慮・実践すべきこと

①本人と信頼関係ができている教員が話を丁寧に聴く（無理やり聞き出そうとしないこと）

②それぞれの児童・生徒がそれぞれの事情を抱えている可能性があるという視点を持つことを校内で共通理解をする

③安心感や自信を高めるアプローチをする（➡『学校で知っておきたい精神医学ハンドブック』59ページ）

④職員間で情報を交換し，児童・生徒の特性をつかみ，支援をする

⑤支援を通し，本人が変化していったことを学校と家庭とで共有する

どのように考えたらよいのでしょうか

　厳しい指導も時には必要ですが，いつもいつもでは児童・生徒も緊張し，不安が高まり，萎縮するものです。不安が強いと恐怖感をも覚えるようになり，意欲や好奇心が低下し，消極的な態度になり，考え方も否定的になりがちです。何も考えられなくなったり，抑うつ的になったりすることもあります。これらのことを避けるためには，本人の話をよく聴き，その子の特性に基づいた声かけや配慮をすることが時には必要です。一人ひとりの児童・生徒を大切にすることで，クラス全体が前向きな考え方を持ち，行動も積極的になることは銘記しておきましょう。

 ## 他にどんなことが考えられるでしょうか

　よく泣く背景に，不安症・恐怖症，気分症（気分障害），ストレス関連症候群などがあります。不安・恐怖，ストレスの原因がわかれば対策も立てやすいのですが，わからないときには，これまでの担任や養護教諭，きょうだいから児童・生徒の情報を集めるとわかることもあります。気分症では，気分の揺れが原因となることがあり，いつも泣くわけではありません。気分が沈んだときに泣きやすくなります。意味もなく涙が出てきます。スクールカウンセラーや養護教諭に相談し，対策を練りましょう。

◖ 参考

　戦時中の教官は厳しく，鉄拳指導も当たり前であった。戦後50年経過しても，子どもたちが大きな声で叱られるのを見て，そのときの状況が浮かんできて，震え上がることがあるという方にお会いしたことがある。大きな声で叱られる体験は単一でももちろんのこと，小さな声でも回数を重ねると大きなトラウマとなることもある。もしかしたらこの叱責が当事者，周りの児童・生徒のトラウマになるのではといった想像力を持ちたいものである。（6ページの「トラウマを念頭に置いたケア」を参照）

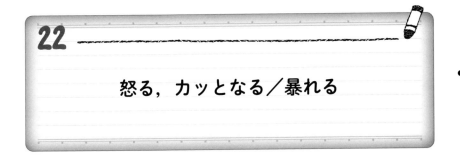

ちょっとしたことで，我慢がきかず怒ったりカッとなったり暴れたりする児童・生徒がいます。この場面では怒らないだろう，カッとならないだろう，暴れないだろうといった一般的な常識が通用しない児童・生徒もいます。そのようなタイプの児童・生徒について見ていきましょう。

📋 考えられる疾患や症状

①下記の②〜⑦以外の場合

②衝動制御症群（➡『学校で知っておきたい精神医学ハンドブック』124〜131ページ）

③気分症／気分障害群（➡『学校で知っておきたい精神医学ハンドブック』138〜147ページ）

④パーソナリティ症／パーソナリティ障害群（➡『学校で知っておきたい精神医学ハンドブック』132〜137ページ）

⑤注意欠如多動症（ADHD）（➡『学校で知っておきたい精神医学ハンドブック』153〜155ページ）

⑥知的発達症（➡『学校で知っておきたい精神医学ハンドブック』164〜166ページ）

⑦脳の器質性疾患

症例

■Ａさん（8歳　小学2年生　男子）

　Ａさんは小学校入学時は母親の後ろに隠れるような引っ込み思案の児童でした。小学1年生のときは毎日登校はしていましたが，あまり落ち着きがなく，学習面でも粘りがあまりみられず，授業中も途中で自分の興味のあることをノートに書いていました。担任はあまり注意を払わず，大きな問題もなく，その学年は終了しました。

　小学2年生になり，新型コロナウイルス感染症感染拡大防止対策としての緊急事態宣言のため予定が変更となりました。好きな科目が中止になったことから，大声を出して教室から飛び出そうとして，それを阻止しようとした担任を蹴ったり叩いたりしました。苦手な授業の際には，黒板の字を消そうとしたり，それを阻止しようとしたクラスメイトに暴言を吐いたり蹴ったりしました。担任は校長や教頭，生活指導担当，養護教諭，スクールカウンセラーと合同の会議を持ち，担任一人で対応するのではなく複数で対応する方針を決定しました。Ａさんの保護者と学年世話係と担任の三者で面談しましたが，保護者は学校での様子が信じられないといいます。家ではおとなしいので，学校に問題があるのではないかと主張しました。保護者に授業中に付いて見てもらったところ，苦手な授業でもおとなしく座っていました。保護者は授業をしっかり受けることができていると訴え，その後は付き添いませんでした。再び，教室で暴れだし，他の子どもを怖がらせたり，けがをさせたりしました。けがをさせられた児童の保護者が立腹し，学校に抗議の電話をかけてきました。Ａさんの保護者に話したところ，他の子どもが悪いのではないか，うちの子どもを仲間はずれにしているのではないかといいます。暴力を振るわれたり，暴言を吐かれたりした児童たちの保護者は皆で学校に乗り込んできて，校長に談判しました。校長はＡさんの保護者を呼び，じっくりと状況を話し，暴れる場面のビデオを撮る了解を得ました。ビデオを見たＡさんの保護者はショックを受け，校長にどのようにしたらよいかと相談しました。そして保護

者会で謝罪し，校長から提案された学びの支援センターでの検査を受け，適切な対応を学校と共にすると約束しました。学びの支援センターでの検査では，知的問題が指摘され，教室で授業がわからず，どうしていいかわからなくなり問題行動につながったのであろうという評価が示されました。そこで，別室にて教頭を中心に個別的に教えると，少しずつ学習の理解が深まっていきました。次の学年では特別支援学級に所属することになり，落ち着いて学校生活を送ることができるようになりました。その後，本人の得意な科目は，普通学級を利用することもありました。

 ## 学校内で配慮・実践すべきこと

①どういうときに暴力や暴言が生じるのか，カッとなるのか，攻撃的になるのかを見いだす（その際の学級の様子も観察しておく）

②暴力や暴言に及ぶ，カッとなる，攻撃的になるときにはまず学習面での困難さがあるかどうかをしっかりと見極める

③見極めるためには，校内で養護教諭やスクールカウンセラーも含めたチームを形成し，情報を出し合い，共有してその子の全体像をつかむ

④他機関と協力して客観的な能力の把握をする

⑤能力に基づき適切な支援を行う（➡『学校で知っておきたい精神医学ハンドブック』174〜178ページ）

⑥保護者と十分に話し合い，理解を得て，児童・生徒の未来のため学校と家庭で協力していきましょうと提案する

⑦支援を通し，本人が変化していったことを学校と家庭とで共有する

⑧他機関との協力，特に医療機関との協力が必要なときには，管理職が養護教諭やスクールカウンセラーに相談し決断する

 ## どのように考えたらよいのでしょうか

学校で怒ったり，カッとなったり，暴れたり，暴言を吐いたりするとき

には，まず学習面での困難さを疑い，本人の勉強に関する気持ちを聞き出し，学習を理解できないつらさを汲み，正確に能力を把握して対応する必要があります。わがままだとか，反抗しているのだとか，親の育て方が悪いのだとか，神経発達症（発達障害）があると決めつけ，保護者と本人を責めるのは避けたほうがよいでしょう。Aさんの例のように丁寧に段取りをし，保護者との関係を良好にしてその子にできることをすると，その子のためにもなり，教室全体の落ち着きにもつながります。

他にどんなことが考えられるでしょうか

　衝動制御症群，気分症（気分障害），パーソナリティ症（パーソナリティ障害），注意欠如多動症（ADHD），脳の器質性疾患でも衝動性を抑えられない行動がみられることがあります。まず，きっかけを探します。共通したきっかけがあれば対応の道筋は見えてきます。不安や苛立ちがあり，不安や苛立ちに本人が気づいていれば，不安を感じたとき，苛立ったときに，担任のところや，職員室，校長室，保健室など，行く場所をあらかじめ話し合っておきます。実際に不安や苛立ちが生じたときに，収まるまでその場所に避難すれば，そこから戻ってきても乱暴な行為を防ぐことができます。医療機関に受診中で，薬物療法が始まっていれば，頓服を保健室で服薬することで荒れることを防ぐことができる可能性が高くなります。また，不安や苛立ちの原因を話し合うことができれば最高です。

▶参考
　応用行動分析……最近，学校では，児童・生徒の行動に着目し，分析して児童・生徒の支援に活かそうとする試みも始まっている。観察項目については，スクールカウンセラーなど行動の専門家の意見を参考にすることが勧められる。クラス全員の行動を観察して分析してみると，当該児童・生徒以外の別の子どもの行動が影響していることが明らかになることもあり，貴重な気づきが得られることがある。

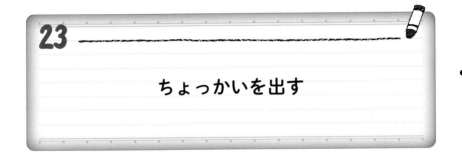

ちょっかいを出す

　授業中であろうが，朝礼中であろうが，周りの児童・生徒に手を出す子がいます。けんかになっても，なかなかやめません。注意されても懲りないで続けます。ちょっかいを出す児童・生徒について見ていきましょう。

考えられる疾患や症状

①下記の②〜④以外の場合

②注意欠如多動症（ADHD）（➡『学校で知っておきたい精神医学ハンドブック』153〜155ページ）

③自閉スペクトラム症（ASD）（➡『学校で知っておきたい精神医学ハンドブック』156〜158ページ）

④脱抑制対人交流症／脱抑制型対人交流障害（➡『学校で知っておきたい精神医学ハンドブック』182〜183ページ）

症例

■Aさん（7歳　小学1年生　男子）

　小学校に入学後，隣の席の子に，手を出したり，筆箱を触ったり，声をかけたりと，落ち着きがありませんでした。学習面ではさほど問題なく，本も読めるし，文字も十分書けました。与えられた問題をすぐに解き終わると，隣の子にちょっかいを出していました。Aさんと担任はじっくり話し，小学校では他の子の学習を邪魔することはルールに外れることだと伝

え，ルールづくりを提案しました。Aさんは，問題を解き終わったら次の問題を解くこと，教室での仕事を手伝う（黒板を消すなど），職員室に必要なものを取りに行くことをやりたいと申し出たので，そのことをルールとして，Aさんに役割を与え，できたらねぎらう方針としました。徐々に落ち着いて生活できるようになり，他の子に手を出したりすることはなくなりました。

 ## 学校内で配慮・実践すべきこと

①教室内での行動をよく観察し，ちょっかいを出している理由を探索する
②探索した結果導き出された仮定に基づき，本人と話し合う
③本人と話し合った結果，どうしたらよいかを本人に提案してもらう
④ルール化し，本人がそのルールを守れたら褒め，ねぎらう
⑤本人の状態を理解してもらう。そのための話し合いを何回も持つ
⑥必要なら，何らかの手段で，学校での様子を保護者に見てもらう
⑦支援を通し，本人が変化していったことを学校と家庭とで共有する

 ## どのように考えたらよいのでしょうか

　教室内での行動をしっかり観察し，その観察に基づいてルールづくりを提案しました。ルールを守れたら褒め，ねぎらうことを通して，本人の自尊心を高めたことと，本人が何をしたらよいかを学習した結果，行動面での変容が可能になりました。このようにある程度，自分の行動を理解している児童・生徒は，本人に合ったルールで動けるようになると，問題となる行動が役に立つ行動に変わります。

他にどんなことが考えられるでしょうか

　不注意や衝動性が目立つ注意欠如多動症（ADHD）の児童・生徒は刺

激を少なくするため，一番前の席にして，手持ち無沙汰にならないように声かけをして，注意を教師や黒板に向けるように働きかけます。この症例のような提案も有効なことが多いようです。自閉スペクトラム症（ASD）の児童・生徒は場面がよくわかっていない，ルールをよく飲み込めていないことがあります。ルールをしっかり教え，ルールをマスターするとちょっかいを出さなくなり，逆に他のちょっかいを出している児童・生徒に注意をしはじめることがあります。抑制のきかない行動を示す児童・生徒もいますが，担任との良好な関係が成立し，物理的距離をとり，枠組みがしっかりしてくると落ち着いてくることもみられます。ちょっかいを出す児童・生徒とちょっかいを出される児童・生徒がなぜか引っつきやすいこともあり，両方への丁寧な声かけが必要なこともあります。ちょっかいを出す側は実は悪いことだとわかっていても，ついちょっかいを出してしまうことがあり，ちょっかいを出さないで済む作戦を一緒に考えた養護教諭もおられました。医療機関にかかっている場合には，薬物療法も効果的なことがあります。気分症（気分障害），不安症，またはある種の薬物の服薬中にちょっかいを出す児童・生徒であれば脱抑制など薬の影響も考えられ，医療機関への相談が必要なこともあります。養護教諭，スクールカウンセラー，管理職，学校医とよく相談し，保護者とも話し合い，医療機関への相談が必要な場合，受診することを勧めます。

◖参考

　チクる……担任などに伝えることは告げ口として「チクった」とちょっかいを出した児童・生徒らから言われがちで，ちょっかいを出されても本人は言い出せないことがある。そのため，実際のちょっかいの状態がわからないことがある。「こういう場合の報告はチクる行為にあたらず，みんなの困り感を減らすために担任に報告したほうがよいのだ」ということを伝えていただきたい。

　脱抑制……抗不安薬などの薬物療法中に，薬の副反応により抑制が利かなくなり，衝動や感情を抑えることが難しくなった状態のこと。そのため，ちょっかいといった行為も出現しやすくなる。

24

けんかをする

　小学校の低学年の児童で，なぜか毎日近づき，ちょっとしたことでけんかをする子どもたちがいます。けんかをするなら近づかなければよいのにと思うのですが，気がつくと休み時間に一緒にいて，黒板を誰が消すか，プリントを誰が配るか，ブランコに誰が先に乗るか，などでもめはじめ，悪口の言い合いになり，殴り合いになり，周りが引き離さなければならないことがしばしば生じます。けんかになりやすいタイプの児童について見ていきましょう。

考えられる疾患や症状

①下記の②，③以外の場合

②神経発達症（発達障害）（➡『学校で知っておきたい精神医学ハンドブック』153 ～ 179 ページ）

③衝動制御症群（➡『学校で知っておきたい精神医学ハンドブック』124 ～ 131 ページ）

症例

■ A さんと B さん（ともに 7 歳　小学 1 年生　男子）

　小学校入学後，同じクラスで隣の席になった子と，ちょっとしたことでもめはじめました。休み時間はどちらが一番に運動場に出るか，遊具をどちらが先に使うかで毎回もめ，口争いになりました。担任が常に中に入

り，どちらの言い分も聞き，じゃんけんで決めたり，曜日によって順番を決めたりしました。じゃんけんでは一方が数回続けて勝つと，負けたほうはインチキだと言って怒り，やはりけんかが生じました。1日おきと決めると最後の金曜日にどちらがするかでもめ，けんかになりました。ある日，授業中にどちらが先に発表するかでもめ，取っ組み合いのけんかになりました。机は倒れ，椅子は飛び，隣にいて手に当たってけがをした女子が保健室に運ばれました。担任は非常に立腹し，二人を大声で叱ると，二人とも混乱し，大騒ぎになって収拾がつかなくなりました。隣のクラスの担任や教頭，校長が入り，二人の言い分を聞き，それぞれが落ち着くまで別室で教頭と校長が一緒に付き合いました。落ち着いてから，二人の話を聴くと二人ともそれぞれが嫌いではないが，なぜかカッとなると話しました。本人たちも理由がわからないので，ともかく席を離し，「休み時間も両方の腕が届かないくらいの距離にいるように」という指導を行いました。また，遊戯道具の順番のルールなどについて担任が中に入り，クラス全員で話し合いました。クラスの皆も二人だけ他の子よりも遊戯道具を取るのが早いことが多いと意見を出し，皆で順番を守るルールを決めることになりました。ルールを守った場合は，皆で褒め合うことにしました。二人がルールを守ったときには，終わりの会（帰りの会）で皆で褒めました。叱られることが多い二人は，褒められるとさすがにうれしそうでした。褒められることが続き，二人ともルールが守れるようになり，けんかがなくなっていきました。

🏫 学校内で配慮・実践すべきこと

①物理的距離を置くことをまず考え，席を近づけないようにする

②けんかを予防するためのルールを決める

③ルールを決めるときには本人たちを含め，クラス全員の意見を聞く

④興奮したときには個々に別室で対応する

⑤次学年ではできれば別クラスにする

⑥神経発達症（発達障害）などで受診中の場合は，対応方法の相談をし，薬物療法がなされている場合は服薬しているかを確認し，校内で服薬する場合は保健室で養護教諭の力を借りる

⑦保護者に正確な情報を伝え，家庭内での指導をお願いする。その際，暴言や暴力は避け，本人の言い分を聴き，丁寧に諭すようにしてもらう

⑧支援を通し，本人が変化していったことを学校と家庭とで共有する

どのように考えたらよいのでしょうか

　教室内でのけんかに困ったときには一人で解決しようとするのではなく，他の教職員（生徒指導担当，学年主任，教頭，校長，養護教諭，スクールカウンセラーなど）と相談し，いろいろなアイデアを出してもらうことが大切です。けんかする二人の言い分に耳を傾け，それぞれが納得できる折り合いのつくルールをつくり，話し合いを通して本人たちの成長を見守っていきます。さらに，衝動性やこだわりの強さなどそれぞれの特性をつかみ，それに基づいて工夫します。この症例のように行くところまで行ってから他の教職員が関与するのは，遅すぎるといってよいでしょう。児童のけがなどを考慮すると，もう少し早く手を打つほうがよかったのでしょう。学校での危機管理については一般的に遅れている面がありますので，学校全体でこんなときにはこうする，といったある程度の指針は用意しておくほうがよいと思います。

他にどんなことが考えられるでしょうか

　二人とも神経発達症（発達障害）や衝動制御症群の場合は，こだわりや，衝動性，相手の立場が読めない，状況をよく理解していない，といったことから衝動性を抑えられない行動がみられることがあります。きっかけを探し，対策を練ります。共通したきっかけがあれば対応の道筋は見えてきます。けんかになりそうであれば，担任のところや，職員室，校長

室，保健室など，あらかじめ行く場所を決めておき，移動を促します。その場を離れれば，けんかにならずに済むこともあります。

◆ 参考

　危機管理……学校における危機管理とは，児童・生徒，教職員の安全を守り，危機を予測・回避すると同時に，危機発生時には被害を最小限にするための取り組みである。現代の学校では，危機管理マニュアルを準備し，児童・生徒，教職員の安全を確保することが必須となっている。

25

休み時間に外に出ない

　休み時間に外に出ないのは，本人なりの理由が考えられます。身体症状
がある場合，外遊びが苦手な場合，一人で過ごすほうが好きな場合，本を
読みたい場合，宿題をする場合，ゆううつな場合，いじめられている場
合，広いところが苦手な場合，運動場に怖いものがある場合，などさまざ
まです。したがって，無理やり外に出そうとするのは児童・生徒にとって
苦痛になることがあります。その場合，本人が苦痛に思っていることを察
知し，教職員皆で支援する必要があります。本人が非常に苦痛に思ってい
ることを例に挙げ，見ていきます。

考えられる疾患や症状ほか

①下記の②〜⑫以外の場合

②心身症（➡『学校で知っておきたい精神医学ハンドブック』10 〜 24 ページ）

③身体症状症（➡『学校で知っておきたい精神医学ハンドブック』25 〜 32 ページ）

④睡眠障害（➡『学校で知っておきたい精神医学ハンドブック』33 〜 57 ページ）

⑤ストレス関連症候群（➡『学校で知っておきたい精神医学ハンドブック』58 〜 71
ページ）

⑥社交不安症，全般不安症，限局性恐怖症（➡『学校で知っておきたい精神医学
ハンドブック』72，79 〜 85 ページ）

⑦強迫症（➡『学校で知っておきたい精神医学ハンドブック』90 〜 96 ページ）

⑧気分症／気分障害群（➡『学校で知っておきたい精神医学ハンドブック』138 〜
147 ページ）

⑨統合失調症群（➡『学校で知っておきたい精神医学ハンドブック』148 〜 152 ペー
ジ）

⑩神経発達症（発達障害）（➡『学校で知っておきたい精神医学ハンドブック』153
〜 179 ページ）

⑪いじめ（➡『学校で知っておきたい精神医学ハンドブック』214 〜 219 ページ）

⑫慢性身体疾患（➡『学校で知っておきたい精神医学ハンドブック』248 〜 251 ペー
ジ）

 ## 症例

■ A さん（10 歳　小学 4 年生　女子）

　A さんは元来おとなしい子で，教室内でも静かに過ごしていました。授
業中に当てられても恥ずかしそうに小声で答えていました。宿題や提出物
は真面目にいつも期限前には出していました。小学 3 年生までは休み時
間には教室内で，一人本を読むことに対して誰も不思議には思わず，問題
なく過ごせていました。

　小学 4 年生になったときの担任は元気いっぱいのタイプで，子どもは
休み時間に外で遊ぶのが一番という考えの持ち主で，率先して運動場で子
どもたちとドッジボールなどで遊んでいました。教室で，一人で本を読ん
でいる A さんも外に誘い出し，皆と遊ばせようと考え，連休明けのある
かんかん照りの日に，天気がよいので皆と遊ぼう，と半ば無理やり外へ連
れ出しました。長い休み時間に A さんも必死にボールを追い，汗びっしょ
りになりました。次の授業が始まった直後から，A さんは真っ赤な顔で
苦しそうに授業を受けていましたが，途中で伏せて動かなくなりました。
周りの児童が心配して担任に声をかけると担任も A さんの様子にびっく
りして保健室へ運びました。顔や腕が真っ赤に腫れ上がり，呼吸も荒く脈
も頻脈になっていました。養護教諭は A さんの身体の状況をみて，緊急
を要すると感じ，保護者に連絡をとると同時に近くの総合病院の小児科に
連れていきました。受診すると光過敏症，脱水症の可能性があるとのこと

で入院となりました。

 ## 学校内で配慮・実践すべきこと

①入学時の身体に関する調査票をしっかりと把握する
②調査票に基づき，気になることがあれば養護教諭やスクールカウンセラーと相談する
③本人と話し合わずに無理やりにやらせることは避ける
④ゆっくりと話し合い，本人の希望を取り入れながら，本人の将来に役立つようなことは少しずつ提案して体験できる場を提供する
⑤その場合も心身の状況をしっかりと観察しながら，成功体験となるように励ましていく
⑥問題が生じる可能性に対し，問題が生じないように準備をする
⑦問題が生じた場合，早めに行動し，事故が起こらないようにする
⑧支援を通し，本人が変化していったことを学校と家庭とで共有する

 ## どのように考えたらよいのでしょうか

　入学時の調査票を調べ直してみると，光線過敏の記載があったことに気づき，保護者からも今回の事故をきっかけに知らされました。小学3年生までは，休み時間教室にいることで気づかれずにいたようでした。体育の時間も休むことが多く，真夏に集中的に日に当たることはなかったようです。また，体調により何も生じないこともあったのですが，連休明けに急に日差しが強くなり，慣れていなかったことや，水分不足，前日の睡眠不足も，Aさんには影響したようです。クラス担任として調査票にはしっかりと目を通し，問題があれば養護教諭などと相談し，気をつける必要があります。また保護者にも毎年4月には状態を尋ねるとよいでしょう。児童・生徒が休み時間に外に出ないときには他にもいろいろな原因が考えられます。丁寧に状態を観察し，本人の話を聴き，保護者から情報を少しず

つ得て，養護教諭やスクールカウンセラーと相談し，対策を練ることを勧めます。

他にどんなことが考えられるでしょうか

　非常に多くの理由が考えられます。心身症の中で，起立性調節障害（OD）も見逃されやすいものです。86 ページに挙げた「考えられる疾患や症状ほか」を頭の片隅に置いておいてください。非常に多くの理由が考えられます。ストレス関連症候群，強迫症，いじめ，そして心身症の中でも起立性調節障害は見逃されやすいものです。

26

休み時間が終わっても戻ってこない

　遊びに夢中になり，休み時間が終わっても戻ってこない児童も低学年の間は少なからずみられます。授業開始のチャイムが鳴っても運動場をうろうろし，気がついたら校門の前まで行っていたといった例も経験します。また，教室に入るのが不安で入れなくなる子もいました。休み時間が終わっても教室に戻ってこない児童について見ていきましょう。

考えられる疾患や症状

①下記の②～④以外の場合
②注意欠如多動症（ADHD）（➡『学校で知っておきたい精神医学ハンドブック』
　　153 ～ 155 ページ）
③自閉スペクトラム症（ASD）（➡『学校で知っておきたい精神医学ハンドブック』
　　156 ～ 158 ページ）
④知的発達症（➡『学校で知っておきたい精神医学ハンドブック』164 ～ 166 ページ）

症例

■Aさん（7歳　小学1年生　男子）

　Aさんは，幼稚園時代は他の子の動きも大きいためさほど目立ってはいませんでした。小学校に入学後，授業中は外を見たり後ろを向いたり，もじもじするもののなんとか椅子に座り授業を受けていました。ただ，休み時間に運動場に出ると，授業が始まってもなかなか戻ってきませんでし

た。砂場で一人で砂遊びをしたり，運動場をずっと走っていたり，蝶々を追いかけたり，動物小屋の前で動物に話しかけたりしていました。毎回，担任が呼びに行き，連れて戻りました。叱られながら戻ってくるのですが，反省もせず同じことを繰り返しました。ある時，担任がうっかりして呼び入れるのを忘れました。授業が終わってから，他の児童がAさんがいないと言いだし，担任が運動場を探すと，池の前でぐったりしていました。担任がびっくりして保健室へ運ぶと，真っ赤な顔で，声をかけてもぼーっとしていつもの活気がみられませんでした。その日は暑い日で，養護教諭が熱中症を疑い，涼しくし，全身を冷やし，水分を摂取させました。Aさんはしばらくすると何もなかったかのように動き始め，教室に戻りました。

 ## 学校内で配慮・実践すべきこと

①休み時間が終わったときに教室に戻らない理由を責めずに尋ねる
②本人の行動パターンを理解し，学校全体で把握する
③校長，教頭ら管理職，養護教諭，事務職を含めた他の教職員が動けるような体制をつくる
④本人と話し合い，ルールづくりをし，ルールが守れたら褒め，本人の好きなワッペンを与えるなど工夫する
⑤可能なら，休み時間における本人の役割（休み時間の終わりのチャイム確認など）を決める
⑥担任が仲介して，クラスメイトと楽しく遊べるように工夫する
⑦クラスメイトが休み時間が終わったときに教室に戻ろうと声かけをする
⑧支援を通し，本人が変化していったことを学校と家庭とで共有する

 ## どのように考えたらよいのでしょうか

クラスで次の授業が始まるときには席に着き，授業を受ける態勢をつく

るよう皆で話し合います。ルールを決め，守れたら皆で褒める習慣をつけます。最初は守りにくいかもしれませんが，褒められることが続けば徐々に守るようになります。ただ気をつけなければならないこととして，皆で注意し合うこと，そして一人だけがいつも注意されたり，けんかになったり，一対他のクラスメイトという対立状態になったりしないように気を配ることが必要です。一般的に，成長とともに休み時間が終わる前に戻ってくるようになるものです。それまで粘り強く待つのも大切でしょう。特に注意が必要なのは，戻ってこないことに慣れ，この症例のような身体的な問題が生じないようにするのはもちろんです。

他にどんなことが考えられるでしょうか

　神経発達症（発達障害）に多くみられます。注意欠如多動症（ADHD）の場合は，不注意，多動・衝動性，旺盛な好奇心が特徴的です。知的発達症や自閉スペクトラム症（ASD）では，休み時間が終わったら教室に戻るというルールが理解できていないこともあります。また，自閉スペクトラム症では，動物小屋など興味のある特定の場所にて好きなものをじっと座って見ていることもあります。精神疾患やいじめなど教室に対して強い不安や恐怖心を持つ場合は，戻ってこられません。

27 嘘をつく

　嘘は良くないことだと家庭でも学校でも子どもに教えます。学校教諭の方々も子どものときに嘘を一度はついているのではないでしょうか。また，大人でも嘘をつくことは多く，子どもを一概に責めるわけにはいかない場合もあります。怒られっぱなしで致し方なく嘘をつく，責められ続けてやむを得ず自分を守るために嘘をつくなどはよくあることです。その割に，大人は子どもの嘘を心配し，責め，嘘をついたと問題視することが多いようです。

考えられる疾患や症状

①下記の②，③以外の場合

②嘘言癖（➡『学校で知っておきたい精神医学ハンドブック』237 ページ）

③神経発達症（発達障害）（➡『学校で知っておきたい精神医学ハンドブック』153
　　〜179 ページ）

症例

■ A さん（11 歳　小学 5 年生　男子）

　A さんは活発で，授業中もよく発言し，他の子の失敗やルールを守らないことにもよく気づき，進んで注意をしていました。その分，担任も助かっていた面もありました。ある日，注意をされた子とトラブルになり，いつも注意をされている側の子どもたちが「何もしていないのに A さんが B

さんに注意をした」と訴え，担任がＡさんを指導しました。Ａさんは「Ｂ
さんがルールを守らなかったので注意をした」と訴えましたが，たくさん
の人が見ているのだから，Ａさんに嘘をつかないようにと強くたしなめま
した。その後，クラスメイト皆からＡさんは嘘つきだとはやしたてられ，
徐々に沈むようになりました。給食も食べる量が減り，授業中の発言もし
なくなり，休み時間も外に出ず，一人で机に伏せていました。その後しば
らくして，登校しなくなりました。

■Ｃさん（8歳　小学2年生　女子）

　Ｃさんは真面目ですが，不器用で，話し下手でうまく自分の思いを伝え
ることができない傾向がありました。ある日教師の机の上の文房具がなく
なり，なくなる前の休み時間にいたＣさんに疑いがかかり，担任に呼び
出され，長時間にわたり根掘り葉掘り尋ねられました。「嘘をつくと警察
に届けないといけなくなる。正直に言えば警察には言わない」と言われ，
盗ってはいなかったのですが，盗ったと話してしまいました。その後，文
房具は職員室の担任の机の中から見つかりました。担任はＣさんと保護
者に謝罪しました。

学校内で配慮・実践すべきこと

■Ａさんの場合

①本人の話を具体的に聴く。どこで，いつごろ，どんなことがあったの
　か，注意することになった経緯を丁寧に時間軸に沿って聴く
②他の子の話も具体的に1人ずつ聴く
③当事者以外の子どもたちの話も1人ずつ聴く
④日頃から，児童・生徒同士では注意をせず，何か問題があれば教員のと
　ころに言いに来るように伝えておく

■Cさんの場合

①本人の話を追及せず，盗っていないことを前提に，休み時間の教室で気
　づいたことについて話を聴く

②物がなくなったことをクラス全体に伝え，もし見つかったら教えてくれ
　るように伝える

③なくなったものが戻ってきたら，みんなが探してくれたことに感謝をす
　る

④誤解や間違いがあったら，早急に本人と保護者に謝罪する

 ## どのように考えたらよいのでしょうか

　Aさんが学校に来なくなった後，Aさんから注意をされていなくても
もともとしっかりとルールを守れている子どもたちが担任のところに来て，
「あのとき，Bさんたちはルールを無視して，無茶をやっていた」と話し
ました。担任はびっくりして，なぜ早く言わなかったのと言いましたが，
Bさんたちが怖くて言えなかったと話しました。担任はクラスでホームル
ームを持ち，ルールの意味を伝え，ルールが守りにくいときにはしっかり
話し合って，皆が守りやすいルールをつくろうと提案しました。ルールを
守れていないときにはお互いに注意をするのではなく，担任のところに言
いに来るようにと指導をしました。担任とBさんたちはAさんに謝り，
今後どうしていくかを伝えました。さほど時間が経っていなかったことも
あり，Aさんはほどなく学校へ復帰できました。

　Cさんの場合は，追及され，つい嘘を言ったのですが，幼い子どもはも
ちろん，神経発達症（発達障害）の子どもも，厳しく追及され，叱責され
ると，していないことをしたと嘘をつくことがあります。

　まず，嘘はついていないという立場でそれぞれの子どもたちの話を聴
き，子どもたちが，正直に話ができる場をつくることを考えたいもので
す。担任自身に余裕がないと厳しく追及しがちになります。気づきにくい
かもしれませんが，教員にはかなりの力が必然的に与えられており，その

言動は児童・生徒には強い力となり，逆らえないこともあります。心に留めておきましょう。

他にどんなことが考えられるでしょうか

　交通事故や事件に巻き込まれ，自分は悪くないのに，自分のほうが悪いと言ってしまい，不利になった思春期の神経発達症（発達障害）の方を経験したことがあります。常に厳しく叱られる環境や，子どもが低く見られる環境，失敗が許されない環境に置かれると，嘘は生じやすいようです。

　嘘は自身の置かれている状況へのSOS，自身のつらさを心配させないため，自分や仲間を守るためという場合もあります。

　DVや児童虐待などの問題が家庭内にあり，親から引き離されないようにするために嘘をつくという場合もあります。

　子どもでは嘘言癖は少ないのですが，厳しい環境のもとで育ち，生きるすべとして，身を守る手段や，助けを求める手段としての嘘が，将来，嘘言癖をもつパーソナリティ症（パーソナリティ障害）に結びつくことがあります。愛情深く，心のこもった養育，質の高い教育，信頼関係が予防に役立ちます。

28
見えない（視力検査でひっかかる）／ 聞こえない（聴力検査でひっかかる）

　毎年，春の健康診断で，視力検査や聴力検査でひっかかり，「要精密検査」となる児童・生徒が多くみられます。たいていその中で数人は，精密検査で異常は指摘されません。見えるはずが見えない，聞こえるはずが聞こえない児童・生徒について見ていきましょう。

📋 考えられる疾患や症状

①下記の②〜⑤以外の場合
②変換症／転換性障害（機能性神経症状症）（➡『学校で知っておきたい精神医学ハンドブック』27 〜 28 ページ）
③近視
④難聴
⑤けがなど

💬 症例

■ A さん（8 歳　小学 2 年生　女子）

　小学 1 年生のときは，規則などを多少守らないことは大目に見るタイプの担任でした。2 年生になったときの担任はしっかりと規則を守ることを重視するタイプでした。板書をしっかりとノートにとるように指導し，連絡帳もしっかり書き，時には言葉だけで伝えたことをしっかりと聞き取って書くようにと指導されました。本人はかなりしんどかったようです

が，頑張って書き写そうとしていました。書き写すのを間違ったときには担任から指導を受けました。元気な子が多いクラスで，特に男の子の声が大きく，しかも教室の席は後ろの方でした。5月の聴力検査と視力検査のときに聞こえていないことと見えていないことを指摘され，精密検査を指示されました。近くの耳鼻科と眼科で精査した結果，異常はないことがわかりました。担任は不思議に思い，養護教諭に相談したところ，精神科の子ども外来を受診することを勧められました。精神科では機能性の視力障害，機能性の聴力障害で何かのストレス負荷が大きいのではと指摘されるとともに，席も前の方にするよう指示されました。Aさんは，前の方の席になり，よく見え，よく聞こえるようになった，と次の診察のときに話しました。

学校内で配慮・実践すべきこと

①養護教諭と相談し，家庭にも現在の状況を伝え今までにこのようなことがなかったかを尋ね，今すぐに学校でできることを検討する
②見えにくい，聞こえにくいという言葉を尊重し，席を早めに見えやすい，聞こえやすい位置に変更する
③眼科や耳鼻科の受診を勧める
④眼科や耳鼻科で問題がない場合は，子どものこころの専門医を紹介する
⑤可能な限り静かな環境にするように試みる
⑥支援を通し，本人が変化していったことを学校と家庭とで共有する

どのように考えたらよいのでしょうか

　見えにくい聞こえにくい児童・生徒には，見えにくさや聞こえにくさを認め，そのつらさを汲むことが第一に行うことです。そして対策を練ります。本人の希望を取り入れながら，前の方の席を勧め，本人が同意すれば前の席で授業を受けることができるようにします。見えにくい，聞こえに

くいと訴える背景には，いろいろなストレスがかかっていることや，つらい気持ちが隠れていることがあります。その辺りに気づけるかが，極めて重要なことになります。ストレス性ということから弱い児童・生徒と決めつけたり，ストレスが一体何かを必要以上に追及したりすることは勧められません。ストレッサーが何かわからないほうが多いからです。今何ができるかを考えるのがよいでしょう。

 ## 他にどんなことが考えられるでしょうか

　見えにくい，聞こえにくい症状がある場合，片方の視力や聴力が極端に低いことがあります。幼少時からその環境にいたため，本人すら気づいていないこともあります。小学校に入って，検査をして初めてわかったという例も経験しました。心身症や不安症などと合併もあるのですが，その場合は，合併症の治療をすることで見えにくさ，聞こえにくさの改善がみられます。

◯ 参考

　聴覚情報処理障害（Auditory Processing Disorder：APD）……聞こえているが，日常場面で聞き取りにくさが認められる症候群。聞き返しの多さや的外れの反応，言葉での指示への反応の遅れがあり，難聴に見えることもある。神経発達症（発達障害）と合併しやすいともいわれている。対応としては，口頭指示内容を書いたプリントを渡す，視覚的な教材を用意する，指示を一つずつシンプルにする，注意を向ける工夫をするなどが挙げられる。

29

歩けない／手が動かなくなる／手が震える

けがをしたときや筋肉を痛めたときなど，整形外科的な疾患や脳外科的な疾患などにより，歩けない，手が動かない，手が震える，といった症状がみられることがありますが，検査をしても原因がはっきりしないにもかかわらずそのような症状がみられることもあります。また，痛みを感じにくいため骨折に気づかず，ただ歩けないと訴えた神経発達症（発達障害）の児童も診療した経験があります。ストレス性で歩けないこともみられます。原因不明の歩けない例，手が動かない例を示し，対応方法を考えていきましょう。

📋 考えられる疾患や症状

①下記の②以外の場合（身体疾患など）
②変換症／転換性障害（機能性神経症状症）（➡『学校で知っておきたい精神医学ハンドブック』27 〜 28 ページ）

😀 症例

■Aさん（14 歳　中学 2 年生　女子）

Aさんはもともと体育が苦手でした。2 学期の体育大会の最初の練習の際，100m 走で最下位でしたが，一生懸命走り，ゴール寸前で転倒しました。右脚をすりむき，クラスメイトに支えてもらいながら保健室に行き，処置を受けました。念のため，近くの整形外科を受診しましたが，骨にも

筋肉にも異常がなく，すぐに回復するだろうと言われました。体育大会が近づき，傷は回復しましたが，なかなか歩くことができず，松葉杖で登校しました。病院で問題がないと言われたので，「頑張って練習しよう」と担任が励ましましたが，「歩けないので無理です」と毎回練習の際に困った表情になり，見学をしていました。日頃は元気そうですが，体育大会の練習のときだけ非常に暗い表情でした。体育大会は結局見学になりましたが，一生懸命皆を応援しました。体育大会終了後，しばらくして歩けるようになりました。

■ B さん（15 歳　中学 3 年生　女子）

B さんは 2 学期の期末テストの 1 週間くらい前から手が動かなくなり，鉛筆も持てなくなりました。持とうとすると手が震えて，なかなか鉛筆が持てません。本人と母親は養護教諭に相談し，総合病院の小児科を受診しました。小児科で精査の結果，器質的には問題がないであろうと判断され，精神科の子ども外来に受診となりました。精神科ではストレス性のものであろうと判断され，カウンセリングが導入されました。学校でもテストのときは別室で実施するように手配され，本人も安心して期末テストを受けることができました。その後は，問題なく 3 月の受験まで症状が出ることはありませんでした。

学校内で配慮・実践すべきこと

①歩けない（足が動かない，手が動かない，手が震えるなど）という事実をまず受け止める
②本人の言い分を聞き，歩けないつらさを汲み，何かできる支援を行っていく（➡『学校で知っておきたい精神医学ハンドブック』28 ページ）
③学校でできることを考える
④病院からの指示に従う
⑤松葉杖で歩きながら学校に来ていることをねぎらう

⑥階段など困っているところでは手助けをする

⑦「本当は歩けるのに，歩かない」と言わない

⑧「頑張って歩け」と叱咤激励をしない

⑨本人のつらさを汲み，本人がつらくなるような声かけはしないようにする

⑩支援を通し，本人が変化していったことを学校と家庭とで共有する

どのように考えたらよいのでしょうか

■Aさん

　Aさんの場合，ストレス性と明らかなときにも，まずは歩けないということを第一に捉え，できる支援を行うのが支援の基本です。Aさんの例では，担任をはじめとして教職員が歩行困難を認め，手助けをし，体育大会に見学という形でも参加できるように取り計らったのは素晴らしいことでした。本人のつらさをわかってもらえたことが力になり，再び歩けることに結びついています。

■Bさん

　Bさんの場合，受験を前にした最後の期末テストであり，そのストレス負荷から生じたもののようですが，ストレス負荷という点を前面に出すことなく本人の手が動かないという状態を配慮し，学校でできることを考えて支援した例です。このように困っていることに焦点を当てるのが大切なようです。病気やストレス性と決めつけ，本当は動くのにわざとしていると本人を叱責すると治りにくくなります。

他にどんなことが考えられるでしょうか

　無痛，無汗症の場合，痛みを感じないため，無理に歩いて，関節が変形して歩けなくなることがあります。歩けない，手が動かない，手が震える

ことの背景には，さまざまなことが隠れていることがあり，わざとしていると決めつけないようにお願いします。

◘ 参考

　本態性振戦……原因がはっきりせずに，身体の一部が自分の意思とは関係なく規則的に動く病態で，文字を書くときに生じる場合，手指振戦という。薬物療法が一般的には行われる。成長とともに自然に治癒することも多い。

30

箸や鉛筆がうまく持てない／ほうきや雑巾が うまく使えない／マット運動や跳び箱が苦手

　小学校入学以後で，箸や鉛筆がうまく持てない，うまく使えない児童・生徒をみることがあります。また，ほうきや雑巾をうまく使えない児童・生徒もいます。当たり前にできるようになる子が圧倒的に多いのですが，自然に身につかず丁寧な指導がいる場合があります。特に，掃き方，拭き方，絞り方が苦手な高校生も見受けられると学校現場から耳に入ってきます。そのような例について見ていきましょう。

 ## 考えられる疾患や症状

①下記の②，③以外の場合

②発達性協調運動症（DCD）（➡『学校で知っておきたい精神医学ハンドブック』162 ～ 163 ページ）

③変換症／転換性障害（機能性神経症状症）（➡『学校で知っておきたい精神医学ハンドブック』27 ～ 28 ページ）

症例

■Aさん（7 歳　小学 1 年生　女子）

　Aさんは小学校入学後，ノートをとるとき，毎時間のようにゆっくりと書いていました。それに気づいた担任に，鉛筆の持ち方が間違っていると毎日指摘されるようになりました。給食の時間は箸の持ち方が悪いと指摘され，掃除の時間は掃き方が間違っている，雑巾の絞り方が下手だと言わ

れました。他の皆はできるのに，なぜあなただけできないのかと責められました。

■Bさん（7歳　小学1年生　男子）

　小学校入学後，最初の授業で全員に鉛筆の持ち方や箸の持ち方の説明があり，練習の機会が与えられました。ほうきの持ち方や掃き方，掃く場所，隅の方の掃除の仕方，雑巾の絞り方，拭き方についても授業で習いました。Bさんは最初上手ではありませんでしたが，写真を用いた説明で具体的な箸や鉛筆の持ち方を担任から習い，またクラスメイト全員で教え合いました。徐々に慣れてきて，自宅でも練習をし，5月の連休明けには，ゆっくりとではあるものの皆と同じように箸や鉛筆を持てるようになり，掃除も丁寧にできるようになりました。

■Cさん（16歳　高校2年生　男子）

　Cさんは，成績優秀な高校生ですが，跳び箱が3段までしか跳べません。マット運動も後転が難しいようでした。高校1年生まで，本人も体育教師もできないものとあきらめていました。高校2年生になったときの体育教師は，障害者の支援を行ってきた方で，跳ぶ位置，跳ぶ角度，手を置く位置，力の入れ方を具体的に指導し，跳ぶ前には不安軽減の声かけをし，跳べたイメージを持てるよう力づけました。本人も一生懸命練習し，体育教師から貸してもらった動画で研究しました。その結果，4段，5段と跳べるようになりました。

🏫　学校内で配慮・実践すべきこと

①箸や鉛筆の持ち方やほうきや雑巾の使い方が苦手な子がいることを，校内で共通理解をする（➡『学校で知っておきたい精神医学ハンドブック』163ページ）

②苦手な子を叱責しない

③一人だけを特別視するのでなく，全体に適切な指導を行う

④取り組みやすいように具体的なやり方を示す

⑤安心感を与えながら，粘り強く励まして成功へつなぐ

⑥支援を通し，本人が変化していったことを学校と家庭とで共有する

どのように考えたらよいのでしょうか

　箸や鉛筆の持ち方，ほうきや雑巾の扱い方が苦手な子がいるということと，自然にできるはずだと思い込まず，支援が必要だということを頭に入れておいてほしいと思います。そして，小学校入学直後に丁寧な指導をすることが不器用な子の助けになります。全体に対して具体的に指導することが，全員を担任が大事にしていることを伝えるチャンスでもあり，子どもの成長につながります。また，粗大運動が苦手な児童・生徒もいます。マット運動や跳び箱，鉄棒，縄跳び，ボール遊びなどがありますが，これらの児童・生徒に対しても丁寧で具体的な指導（どこに力を入れるか，どういう持ち方をするかなど）がないと，なかなか上達しません。そのため自信をなくし，学校生活を楽しめず，仲間からはやしたてられたりして傷つくこともあります。できないことに対してそれは恥ずかしいことではないと言ってもらい，頑張って努力していることをねぎらってもらうと，本人は力づけられます。私自身も箸の持ち方を親からも学校でも指導されたことがなく，大学で先輩から教えていただいた経験があります。また，家庭で，勉強ではあれこれ言われても，洗濯物の干し方やたたみ方など家事に関わることは教えられないまま成人することもまれではなくなっています。日常生活で必要な箸の持ち方や鉛筆の持ち方も，本人にとって不便でなければそのままでよいのかもしれません。

他にどんなことが考えられるでしょうか

　それまでは一般的な鉛筆の持ち方をしていたのに，急に変な持ち方をす

る場合があります。ストレス性や精神疾患で生じることが多いのですが，原因不明で退行することもあります。この場合は，原因となるストレス対策や精神疾患の治療が中心となります。

◘ 参考 ────────────────────────────────
　エンパワメント……ここでは，児童・生徒が持っている能力を最大限に引き出し，できないと思っていることを少しでも克服するためのスキルや自信を身につけていけるように具体的に指導し，力づけること。このことで勇気や希望が湧き，それぞれが持つ可能性を引き出すことにつながる。
────────────────────────────────

31 ── 字が読めない／字が書けない／ 計算ができない／筆算ができない／ 英語の綴りが書けない／覚えられない

　小学校入学後，字が読めない，書けない児童・生徒をみることがあると思います。入学前から一生懸命練習していてもなかなか定着せず，入学を迎え親子でかなり焦り，保護者は途方にくれることもあります。これらの場合，どんなことが考えられるかを検討してみましょう。

考えられる疾患や症状

①下記の②〜④以外の場合
②発達性学習症／限局性学習症（学習障害）（➡『学校で知っておきたい精神医学ハンドブック』159 〜 161 ページ）
③②以外の神経発達症（発達障害）（➡『学校で知っておきたい精神医学ハンドブック』153 〜 158，162 〜 179 ページ）
④不安症（➡『学校で知っておきたい精神医学ハンドブック』72 〜 89 ページ）

症例

■Aさん（7歳　小学1年生　女子）

　小学校入学後，あいうえおから練習が始まりました。他の児童は入学前から練習していたようで，すぐに書けるようになりました。Aさんは自分の名前も書けず，つらい思いをしました。授業中に本読みの順番が来てもうまく読めません。途中を抜かしたり，想像で読んだりしました。担任は練習不足だと考え，宿題も多く与えました。自宅でもなかなか進まず，毎

日親子で悪戦苦闘しました。だんだんつらくなり，朝学校へ行くのもぐずるようになりました。

 ### 学校内で配慮・実践すべきこと

①文字を読んだり書いたりすることが，練習を積んでも苦手な子がいることを，校内で共通理解をする
②他の児童から揶揄されたり，馬鹿にされたりしないよう気をつける
③本人のつらさを汲み，他の教員やスクールカウンセラーなどと原因を検討する
④文字を読んだり書いたりするための取り組みやすい具体的なやり方を示す（➡『学校で知っておきたい精神医学ハンドブック』159〜161ページ）
⑤安心感を与えながら，粘り強く励まして成功へつなぐ
⑥可能なら各種心理検査を実施して状態把握をするため，適切な機関を紹介する
⑦適切な機関からのアドバイスを実践する
⑧支援を通し，本人が変化していったことを学校と家庭とで共有する

 ### どのように考えたらよいのでしょうか

　文字を読んだり書いたりできない場合，知的問題がほとんどなければ発達性学習症（学習障害）が考えられるため，その特徴をつかみ，特徴に合った支援をすることが必要です。特徴がつかめない場合は，各種心理検査を行ってくれる適切な機関と協力して，特徴をつかみ，特徴に基づいた支援を行います。その際，本人が傷つかないような励ましや工夫を行えると，本人も保護者も安心して努力することが可能になります。また，知的発達症においても読めなかったり書けなかったりすることもあり，その場合，焦らずゆっくりとした成長を目指すやり方が期待されます。一度できても次にはできなくなるといった，記憶が定着しない場合もあり，粘り強

い指導が必要です。また，計算のできない児童・生徒も見受けられます。文字が読めない，書けない場合と同様に発達検査などを実施し，その子どもの特徴をつかみ，特徴に沿って支援するのが望ましいですが，さほど実践されていません。小学校から英語の授業が始まりましたが，英語のスペルを書けなかったり，覚えることができなかったりする児童・生徒もみられます。この点についても支援にさまざまな工夫がないと，書けない，覚えられない状態が長く続くようです。

他にどんなことが考えられるでしょうか

　不安症レベルで，不安が強すぎる場合では家庭では読めたり書けたりするものの，教室では緊張して言葉が出なかったり書けなかったりすることもあります。その場合は不安を軽減し，安心感を与えることを目指します。

32

トイレに何回も行く

　授業中に何度もトイレに行く児童・生徒がたまにみられることがあります。本人の事情をつかんでいないと，何気ない言葉によって本人を傷つけたり他の子どもたちからいじめを受けたりすることもあります。トイレに何回も行く児童・生徒について見ていきましょう。

考えられる疾患や症状

①下記の②〜⑥以外の場合
②膀胱炎
　ぼうこう
③心因性頻尿
④遺尿症（➡『学校で知っておきたい精神医学ハンドブック』187 〜 189 ページ）
⑤不安症（➡『学校で知っておきたい精神医学ハンドブック』72 〜 89 ページ）
⑥過活動膀胱

症例

■Aさん（11 歳　小学 5 年生　女子）

　小学 5 年の秋，音楽会の練習が始まり，音楽会の重要なパートを任されました。頑張って練習しましたが，なぜか自信が持てないでいました。そんなとき，寒い日があり，その日はトイレにいつもより多く行きました。その後，音楽会の練習などで忙しく，水分の摂取が少なかったのですが，なぜかトイレに何回も行きたくなり，授業中に何度もトイレに行くこ

とで，担任やクラスメイトから変な目で見られるような気になりました。近くの小児科を受診し膀胱炎だと判明しました。水分を多く摂取し，抗生物質が処方され，いったんは改善しました。音楽会が近づくにつれ，再びトイレに行く回数が増え，授業中に何回も行くことがありました。男子から冷やかされ，非常につらい思いをしました。小児科を再度受診しましたが，膀胱炎ではないと言われました。膀胱炎ではないのに何回もトイレに行きたくなるのはなぜなのかわからず，学校で冷やかされるのがつらく，登校もできなくなりました。担任は家庭訪問し，母親とAさんと話し合いました。音楽会のパートも十分できており，学年で一番上手であると担任に言われ，Aさんはホッとしました。次の日から登校できるようになり，頻尿も治まりました。音楽会でも活躍でき，皆から褒められました。

学校内で配慮・実践すべきこと

①頻尿のつらさを汲み，他の子どもに意地悪な言葉かけをしないように指導する（本人や家庭とどのように他の児童・生徒に説明するのか相談する）

②本人のトライしていることで頑張りを認め，安心感を与える

③トイレに何回も行くことは身体のためにも悪いことではないことを，校内で認められるような共通理解をする

④学校でできることを相談する

⑤必要なら小児科，内科受診を勧める

⑥支援を通し，本人が変化していったことを学校と家庭とで共有する

どのように考えたらよいのでしょうか

最初は膀胱炎と診断されましたが，次の頻尿は膀胱炎ではないと診断され，本人も家族も困惑したようです。このようなとき，本人のつらさを汲み，一緒に対策を練ってあげましょう。

他にどんなことが考えられるでしょうか

　不安症の場合は，不安対策ができれば頻尿は改善します。お漏らしが不安な児童・生徒は何回もトイレに行くことが多いようです。お漏らしはわかっていてする場合もあれば気づかずにする場合もありますが，遺尿症には，生活指導，行動療法，夜間アラーム療法，薬物療法が用いられます（➡『学校で知っておきたい精神医学ハンドブック』188ページ）。

◘ 参考
　過活動膀胱……我慢できないような尿意が急に生じる。子どもの場合は，膀胱の尿を溜めるコントロールが未熟なために生じることが多いようである。膀胱が過剰に収縮してしまい，我慢できないような尿意切迫感が起こり，トイレが近くなる。年齢とともにほとんどの場合はよくなるが，成人でも生じる場合がある。薬物療法も利用されている。

33 トイレに行かない

　学校にいる間，一度もトイレに行かない児童・生徒がいます。トイレに行かなくて済むように，水分を全くとらない児童・生徒もいます。児童用トイレが苦手だったり，トイレに行くことへの羞恥心や不潔感，こだわりがあったりします。おむつが必要な児童・生徒の経験もあります。トイレに行かない児童・生徒について見ていきましょう。

考えられる疾患や症状

①下記の②〜⑦以外の場合

②自閉スペクトラム症（ASD）（➡『学校で知っておきたい精神医学ハンドブック』156〜158ページ）

③不安症（➡『学校で知っておきたい精神医学ハンドブック』72〜89ページ）

④強迫症（➡『学校で知っておきたい精神医学ハンドブック』90〜96ページ）

⑤食行動症または摂食症群（摂食障害）（➡『学校で知っておきたい精神医学ハンドブック』97〜115ページ）

⑥限局性恐怖症（➡『学校で知っておきたい精神医学ハンドブック』84〜85ページ）

⑦排泄症群（➡『学校で知っておきたい精神医学ハンドブック』187〜191ページ）

症例

■Aさん（9歳　小学3年生　女子）

　Aさんが全くトイレに行かないことに，小学1年生から2年生までの担

任は気づきませんでした。3年生のとき，ある午前中の最後の時間，Aさんが保健室へ行きたいと突然言いました。担任が理由を問うと，Aさんは真っ赤な顔をして保健室へ行きたいと小声で言うだけで理由ははっきりしませんでしたが，困っていることは感じられましたので，担任は保健室へ行くことを許可しました。保健室で，Aさんはもらしそうだと訴え，養護教諭に職員用トイレまでついてきてもらうように頼みました。養護教諭が付き添うと外で待っていてほしいといいます。そっと気づかれないように養護教諭が見ていると，服を全部脱ぎそれからトイレの個室に入り，用を足しました。個室から出て服を着て，保健室へ戻りました。保健室で事情を聴くと，小学校に入ってから学校にいる間，トイレに全く行っていないといいます。いつも，水分をほとんどとらず，家に帰るまで我慢していたようです。トイレの個室に入るときに服を全部脱いで入る習慣になっているが，学校では服を全部脱ぐことができないので我慢していたと理由を話しました。養護教諭はトイレに行けないつらさを汲み，トイレに行けなくても学校に来ているがんばりをねぎらいました。保護者と相談して職員用トイレを利用すること，その際，養護教諭が付き添うこと，自宅で服を着たまま下着だけ脱いで用を足す練習をすることを確認しました。本人は学校でトイレができるように少しずつ練習に励み，3年生の終わりくらいには学校で児童用トイレを利用できるようになりました。

■Bさん（7歳　小学1年生　女子）

Bさんが小学校入学後，全くトイレに行っていないことに，水泳の授業が始まる前ごろに担任が気づきました。何か事情があるのではと思い，担任は保健室で養護教諭と共に理由を尋ねました。Bさんは泣くばかりで答えられませんでした。Bさんの了解を得たうえで保護者に尋ねると，実はまだおむつがとれず学校にもおむつをして通っていることがわかりました。自宅では，便座に座りトイレをする練習をしていましたが，なかなかうまくできず，おむつを利用することが続いていることもわかりました。翌日，保健室にBさんを呼び，養護教諭と担任でつらさを汲み，毎日登

校していることをねぎらいました。水泳の授業の際，水着に着替える場所として保健室を利用することを提案しました。Bさんは水泳の授業が始まってから授業の前に保健室に行って着替えました。他の子どもたちは，さほど気にしていないようでした。小学2年生になり，引き継ぎがなされ，担任と養護教諭，Bさん，保護者で話し合い，水泳の授業の日だけおむつをしないで行くと本人が決めたことを支持しました。水泳の授業の日は，午前中で帰宅することになりました。小学3年生になり，それまでの練習の成果か，決心してトイレで用を足すことができるようになり，おむつも不要になりました。

■Cさん（14歳　中学2年生　女子）

　中学2年生のCさんは全くトイレに行きません。担任が気をつけて見ていると，全く水分をとっていないようです。担任が，本人を保健室に誘い，養護教諭と共に事情を聴きました。Cさんは学校での水分摂取が怖いといいます。家では水分をとっているといいます。養護教諭は水分摂取の重要さを伝え，夏の暑いときには水分を摂取しないと熱中症になることを説明しました。同時に保護者にも連絡をとり，話を聴くと家での水分摂取も少なく，水筒を学校に持っていこうともしないようです。ネットからの情報で水分をとると太るということを信じ切っており，水分をとらないようにしているとのことでした。そこで，学校医（小児科）と相談し，学校医に事情をわかってもらったうえでCさんと保護者に受診を勧めました。受診し検査をしたところ，脱水を認め，小児科医からも水分摂取を少しずつ練習しようと励まされました。Cさんは小児科医のアドバイスに従い，少しずつ摂取量を増やすことにしました。学校でも，授業の途中で飲水タイムを設け，全員が水分をとる体制をつくりました。その年の夏は最低限必要な水分量をとれるようになり，熱中症にはならずに済みました。

学校内で配慮・実践すべきこと

①本人の言い分を聞き，トイレに行けないつらさを汲み，何かできる支援を行っていく

②トイレに行けなくても学校に来ていることをねぎらう

③できれば，本人の了解を得て保護者に事情を聴く

④学校でできることがあるかどうか本人とよく話し合い，希望を尋ねる

⑤頑張ってトイレに行けと叱咤激励をしない

⑥保健室で支援できることを本人とよく話し合い，支援する

⑦水分摂取が困難な場合は，本人が安心して少しずつ水分摂取ができるよう学校での体制づくりを行う

⑧支援を通し，本人が変化していったことを学校と家庭とで共有する

 どのように考えたらよいのでしょうか

　AさんBさんCさん，それぞれの事情に応じて担任が養護教諭と相談し，本人の話を聴き，つらさを汲み，学校でできることを実践したことでAさんBさんCさんともそれまで持っていた悩みや困ったことに関して少しでも楽になったようです。このようにトイレに行かないという事象についても，いろんなことが考えられます。わがままと決めつけないで支援していただくよう期待したいものです。

 他にどんなことが考えられるでしょうか

　摂食症（神経性やせ症〔AN〕，回避・制限性食物摂取症〔ARFID〕など）で水分摂取が困難な状況が続くようなら，医療機関との連携が必須になります。自閉スペクトラム症（ASD）や強迫症ではこだわり，不安症や限局性恐怖症では不安や恐怖が軽減するために学校でできることを考え，やれることをやります。うまくいかないことも多いと思います。そん

な場合は，スクールカウンセラーと相談し，協力して支援します。医療機関への紹介，治療が必要なこともあります。排泄症群では，本人と保護者と話し合い，学校で協力できることや医療機関からアドバイスが得られれば，実践するとよいでしょう。

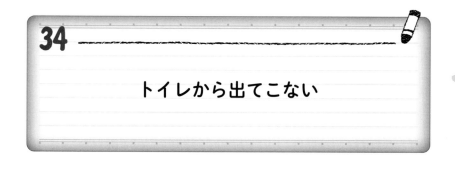

トイレから出てこない

学校でトイレに入ったまま出てこない児童・生徒がいます。トイレから出てこない児童・生徒について見ていきましょう。

考えられる疾患や症状

①下記の②〜⑧以外の場合

②過敏性腸症候群（IBS）（➡『学校で知っておきたい精神医学ハンドブック』10〜12ページ）

③適応反応症／適応障害（➡『学校で知っておきたい精神医学ハンドブック』66〜67ページ）

④不安症（➡『学校で知っておきたい精神医学ハンドブック』72〜89ページ）

⑤排泄症群（➡『学校で知っておきたい精神医学ハンドブック』187〜191ページ）

⑥食行動症または摂食症群（摂食障害）（➡『学校で知っておきたい精神医学ハンドブック』97〜115ページ）

⑦気分症／気分障害群（➡『学校で知っておきたい精神医学ハンドブック』138〜147ページ）

⑧自閉スペクトラム症（ASD）（➡『学校で知っておきたい精神医学ハンドブック』156〜158ページ）

症例

■Aさん（15歳　中学3年生　男子）

　Aさんは部活を引退したころから活気がなくなり，提出物が遅れるように
なっていました。授業中も意欲が落ち，ノートもとれないようでした。
授業の途中でトイレに行くと，授業が終わるまで出てこなくなりました。
2学期になってからは，登校した後すぐにトイレに行き，午前中ずっと出
てこないこともありました。担任は心配し，話を聴くと，腹痛が続きトイ
レから出られないといいます。保健室で養護教諭にお腹をみてもらいまし
た。養護教諭は本人のつらさを汲み，保護者にも連絡をとり，学校医とも
相談し，小児科受診を勧めました。小児科では過敏性腸症候群（IBS）と
診断し，薬物療法が開始となりました。

 学校内で配慮・実践すべきこと

①本人の様子を丁寧に観察する

②本人に丁寧に話を聴く

③その際，叱責するのではなくつらさを汲むことを主眼に置く

④学校でできることを相談する

⑤保護者と連絡をとり，協力してできることを探す

⑥必要なら，小児科または内科に受診を勧める

⑦支援を通し，本人が変化していったことを学校と家庭とで共有する

 どのように考えたらよいのでしょうか

　担任が叱責することなく，養護教諭と一緒に話を聴き，本人のつらさを
汲み，受診を勧めたことは適切でした。

他にどんなことが考えられるでしょうか

　適応反応症（適応障害）では，教室，学校に適応できていないことが考えられます。何か原因となる事柄が早めにわかれば早期解決が図れますが，時間が経つと登校すら困難になります。他にも，クラスや学校にいることへの不安が強い場合，排泄の問題を抱えている場合，摂食症（摂食障害）で過剰な緩下剤服用の場合，食事をあまりとらず便秘になった場合，気分症（気分障害）で抑うつ症状や思考抑制が強い場合などもあれば，トイレが自閉スペクトラム症（ASD）での独り言の場所になっている，集団生活が苦手な児童・生徒の落ち着く場所である，という場合などもあり，いろいろなことが考えられますので，養護教諭とよく相談し対策を練るのがよいでしょう。

◖ 参考

　機能性ディスペプシア……ここでは触れなかったが，子どもにも最近注目され始めた疾患である。これは，上腹部の持続性・反復性の痛みや不快感が生じる。排便とは無関係に生じる。食後の腹部膨満感や少量の食事で腹部の膨満を訴える，また，食事前後に関係なく心窩部痛などを訴える。お腹の張りが気持ち悪く，そのためトイレに行くこともある。

　便秘……子どもの便秘は意外と大変で，浣腸をしばしば使わざるを得ないことがある。トイレにこもりがちになりやすい。食事がとれなくなり，ますます便秘が進み，悪循環になることがある。最近は，モビコール配合内用剤*が利用されるようになり，ずいぶんと便秘が改善しやすくなっている。

　＊モビコール配合内用剤の成分：マクロゴール4000，塩化ナトリウム，炭酸水素ナトリウム，塩化カリウム

35

トイレでいたずらをする

　学校のトイレは，昔は校舎の端の方にあるか，校舎の外にあり，いかにもお化けか何か出てきそうな雰囲気でした。においも強烈で現在の学校では考えられない不衛生なところもあり，トイレの掃除当番になるのにも抵抗がありましたが，真面目な子はいつの時代も一生懸命掃除をしていました。また，トイレの裏は皆が近づきにくく，ちょっとつっぱった（不良っぽい）子のたまり場になったり，いたずらをしたりする場でもありました。近年は，学校のトイレもずいぶんと清潔になりましたが，なぜかいたずらはしやすいようです。水浸しにしたり，備品を壊したり，不要なものを隠したりすることもあります。トイレでのいたずらについて見ていきましょう。

考えられる疾患や症状

①下記の②～⑤以外の場合

②神経発達症（発達障害）（➡『学校で知っておきたい精神医学ハンドブック』153 ～ 179 ページ）

③強迫症（➡『学校で知っておきたい精神医学ハンドブック』90 ～ 96 ページ）

④衝動制御症群など（➡『学校で知っておきたい精神医学ハンドブック』124 ～ 131 ページ）

⑤統合失調症群（➡『学校で知っておきたい精神医学ハンドブック』148 ～ 152 ページ）

症例

■Aさん（14歳　中学2年生　男子）

　Aさんはクラスではおとなしく目立たず，授業中，挙手して発表することもなく成績も下位のほうでした。中学2年生の5月の連休明けくらいから，授業中に机に伏せたり，窓の外をじっと見ていたりと集中できないようで，担任も気になっていました。担任以外の授業のとき，授業中に寝るなと厳しく指導されました。他の授業でも，窓の外ばかり見るなときつく指導を受けました。そのころから，授業中にトイレに行くようになりました。あるとき，担任は，生徒からトイレの中に花が置いてあると報告を受けました。注意深く担任が見ていると，Aさんがトイレに行った後になんらかの物がトイレに置かれているのがわかりました。それは教科書だったこともありました。担任がAさんを呼び，トイレに何回も行くのは体調が悪いからなのかどうかと尋ねましたが，Aさんは否定しました。あるとき，職員用のトイレからAさんが出てくるのを見て，教頭がそこは生徒用ではないと注意すると，Aさんは走って逃げました。教頭がトイレを見ると，テスト用紙が丸めて捨ててありました。担任がAさんを放課後に呼び，話し合いました。教頭が，君がトイレから出てきた後にテスト用紙を職員用トイレから見つけたのだが，何か困ったことがあるのではないかと事情を聴きました。Aさんは自分がしたのではないと最初は言いましたが，粘り強く担任が話を聞き出すと，自分がやったと話しました。2年生になり，勉強が全くわからなくなり，授業中もつらいこと，そして試験の点が悪く両親からいつも怒られていることを涙ながらに話しました。担任は，Aさんの了解を得て保護者に話し，本人の苦しみを説明しました。そして，学校でできることを担任と保護者とAさんで相談し，放課後に担任が一緒に勉強をすることになりました。

学校内で配慮・実践すべきこと

①本人の様子を丁寧に観察する

②本人が話さない可能性もあるので，粘り強く丁寧に話を聴き，事情をつかむ（一度にすべて聞き出そうとしない）

③その際，叱責するのではなく，本人が困っていることを見つけ出すことを主眼に置く

④事情がわかり困っていることがはっきりしたときには，つらさを汲む

⑤保護者と担任が話すことの了解を本人から得る

⑥本人と学校でできることを相談する

⑦支援を通し，本人が変化していったことを学校と家庭とで共有する

 どのように考えたらよいのでしょうか

　Aさんは勉強がわからなくなり，家でも叱られ，学校でも叱られ，どうすれば自分のつらさをわかってもらえるのか考えつかず，やむを得ずトイレでのいたずらに及んだと考えられます。のちに発達検査が行われ，知的な問題を抱えていることがわかりました。うまく自分を表現できない場合，突飛な行動に出ることが知的発達症の子ではみられます。また，知的な問題がなくとも，追い込まれた児童・生徒にとって，学校内でトイレはなにかいたずらをしやすい場所になりがちなようです。したがって，トイレで何かいたずらが起こった場合は，いろんな問題を抱えている児童・生徒だと，まず考え，生徒指導も慎重に行う必要があります。

 他にどんなことが考えられるでしょうか

　神経発達症（発達障害）の中でも注意欠如多動症（ADHD）では衝動的に，自閉スペクトラム症（ASD）では迷惑行為とはっきりとはわかっていないときに，トイレに物を置くことがあります。強迫症では強迫行為

として，また衝動制御症群では衝動的な攻撃性として現れます。統合失調症群では妄想などの精神症状から生じます。いずれにせよ，丁寧に状況を観察し，観察したことを職員が持ち寄り，総合的に分析し，慎重な対応をすることが必要です。専門家の意見を求めることを勧めます。

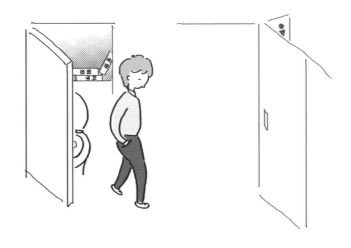

36

ぼーっとする

授業中に，ぼーっとする児童・生徒は時々みられます（さまざまな「ぼーっとする」場面の例が7，13，20，26，43の項目にも出てきます）。授業中，気がつくとぼーっとしている児童について見ていきましょう。

考えられる疾患や症状

①下記の②〜⑭以外の場合

②てんかん（➡『学校で知っておきたい精神医学ハンドブック』200〜204ページ）

③脳の器質性疾患

④代謝疾患（1型糖尿病など）（➡『学校で知っておきたい精神医学ハンドブック』249ページ）

⑤注意欠如多動症（ADHD）（➡『学校で知っておきたい精神医学ハンドブック』153〜155ページ）

⑥自閉スペクトラム症（ASD）（➡『学校で知っておきたい精神医学ハンドブック』156〜158ページ）

⑦知的発達症（➡『学校で知っておきたい精神医学ハンドブック』164〜166ページ）

⑧その他の神経発達症（発達障害）（➡『学校で知っておきたい精神医学ハンドブック』159〜163，167〜179ページ）

⑨気分症／気分障害群（➡『学校で知っておきたい精神医学ハンドブック』138〜147ページ）

⑩統合失調症群（➡『学校で知っておきたい精神医学ハンドブック』148〜152ページ）

⑪睡眠障害（➡『学校で知っておきたい精神医学ハンドブック』33〜57ページ）

⑫ストレス関連症候群（➡『学校で知っておきたい精神医学ハンドブック』58〜71ページ）

⑬不安症（➡『学校で知っておきたい精神医学ハンドブック』72〜89ページ）

⑭食行動症または摂食症群（摂食障害）（➡『学校で知っておきたい精神医学ハンドブック』97〜115ページ）

症例

■Aさん（8歳　小学2年生　男子）

Aさんは，幼稚園までは結構活発でよく外で遊んでいたようです。小学校に入学後，授業中歩き回ることはなかったのですが，きょろきょろしたり，手がせわしなく動いたりしていました。担任からはよく注意されていたのですが，なかなか改善しませんでした。通知表にも落ち着きがないと書かれていました。2年生のときの担任は，さらに厳しいタイプで，叱責される回数が増えました。そのためか，落ち着いて授業を受けるようになりましたが，授業中にぼーっとして当てられても気づかないことがしばしばみられました。廊下に立たされたこともありましたが，ぼーっと立っていることも多く，さらに叱られました。Aさんは，ぼーっとしていることを認識せず，なぜ叱られているかわかりません。常に叱られるので，苦しくなり，学校へ行くことを渋りだしました。

■Bさん（8歳　小学2年生　男子）

Bさんは，授業に入ると，一心不乱にノートに絵を描いています。教師の声や友達の声も耳に入らないようです。しばらくすると，じっと何かを考えているかのように目をつむり違う世界に行っているようです。ぼーっとしているようでもあります。教師が声をかけると一瞬我に返るのですが，すぐに戻ってしまいます。放課後に何回か職員室に呼ばれ，指導を受けましたが，すぐに同じように自分の世界に戻ります。

学校内で配慮・実践すべきこと

①1年生のときの担任と相談し，1年生のときの行動パターンと2年生になってからの行動パターンを比較する

②養護教諭やスクールカウンセラー，コーディネーターと比較した結果を相談する

③できれば養護教諭やスクールカウンセラー，コーディネーターが実際の姿を観察する

④保護者に状態を報告し，家庭での様子を教えてもらう

⑤わざとぼーっとしているのではなく，背景に何か問題があるのではと考える

⑥叱責せずに，本人と話し合い，対策を練る

⑦支援を通し，本人が変化していったことを学校と家庭とで共有する

 どのように考えたらよいのでしょうか

　まず身体面の問題を考える必要があります。特にてんかんを見逃さないようにする必要があります。てんかんでは，意識を失っていることもあり，しばらくして意識が戻ってきます（後出の「43. 学校から飛び出す」も参照してください）。脳の疾患，代謝疾患（1型糖尿病など）なども考慮する必要があります。

　Aさん，Bさんについて学校内のスタッフ，保護者に話を聴いたところ，幼少時は活発で好奇心旺盛，少しもじっとしていられず，道路に突然飛び出し，スーパーマーケットではよく迷子になり，なくし物も多かったようです。小学校に入り，母親は担任の指導で落ち着きを増したことに喜んでいましたが，机の上のものが片づかず，朝の準備も母親と常に一緒にやっており，家庭でもけっこう叱っていたようです。このことから，教師たちと相談し，もしかしたら発達の問題を抱えているのではないかと児童精神科を受診となりました。その結果，Aさんは注意欠如多動症

（ADHD），Bさんは自閉スペクトラム症（ASD）の診断がつき，指導法が検討され，丁寧な指示や本人との話し合いにより，一番前の席に座るなどの対策が練られ，ぼーっとすることが減っていきました。

 ## 他にどんなことが考えられるでしょうか

　知的発達症や，その他の神経発達症（発達障害）の中の発達性学習症（学習障害）の場合は，授業の内容がわからない，何をしているかわからない，どうしてよいかわからないことが多いようです。丁寧な具体的説明や指示を必要としています。

　気分症（気分障害）のうつ状態では，脳の働きをシャットダウンして脳を休ませ，思考抑制といった状態になることがあります。統合失調症では，幻聴や妄想に取り憑かれ，脳に余裕がなくぼーっとしているように見えます。睡眠障害では，夜間の睡眠がとれず昼間にぼーっとします。ストレス関連症候群ではストレス負荷が大きすぎて，不安症では不安が大きすぎて，脳の余裕がなくなり，ぼーっとします。摂食症（摂食障害）では，食べ物や体重，体型などの考えが脳を占拠し，キャパシティーを超え，ぼーっとしているように見えることがあります。

37 家庭訪問しても顔を見せない，出てこない

　学校に出てこられなくなったとき，しばしば担任は一人もしくは養護教諭，学年主任らと家庭訪問をします。その際，本人がすぐに出てきて対面で話ができればよいのですが，出てこないこともよく経験することでしょう。出てきたとしても，最初は話を聴く姿勢を示し，登校刺激を与えないほうがよいようです。最初から登校刺激を与えすぎると，家庭訪問しても顔を見せなくなります。信頼関係を築けるかどうかが重要です。家庭訪問しても出てこない，顔を見せない児童・生徒について見ていきましょう。

📋 考えられる疾患や症状ほか

①下記の②〜⑥以外の場合

②不登校（➡『学校で知っておきたい精神医学ハンドブック』206 〜 210 ページ）

③いじめ（➡『学校で知っておきたい精神医学ハンドブック』214 〜 219 ページ）

④不安症（➡『学校で知っておきたい精神医学ハンドブック』72 〜 89 ページ）

⑤ストレス関連症候群（➡『学校で知っておきたい精神医学ハンドブック』58 〜 71 ページ）

⑥睡眠障害（➡『学校で知っておきたい精神医学ハンドブック』33 〜 57 ページ）

😀 症例

■ A さん（11 歳　小学 5 年生　女子）

　A さんは，夏休みが明け体育大会の準備が始まったころから行き渋りが

始まり，体育大会が終わったころにはほとんど学校に行けなくなりました。担任は管理職や養護教諭，コーディネーターと相談し，家庭訪問をすることにしました。偶然，Ａさんの家の近くのスーパーマーケットの前でＡさんとその母親と出会ったので，その週の金曜日に家庭訪問をすることを伝えました。Ａさんは，担任が来ることを気にして金曜日はずっと待っていたようです。結局，金曜日には担任の訪問はなくＡさんはかなり落ち込みました。次の週の月曜日に母親から担任に電話をし，「金曜日は家庭訪問の予定ではなかったのですか」と尋ねると，「金曜日は忙しくて行けませんでした」と言われ，謝罪もなく，今週中には行けると思いますとの返事でした。その週の木曜日に，担任が家庭訪問したところ本人は出てこず，会いたくないとのことでした。担任はわけがわからず，学校に戻り「家庭訪問したのに出てこなかった」とあきれ気味に同僚に話しました。

🏫 学校内で配慮・実践すべきこと

①本人や保護者と約束したことは守る（変更がある場合は必ず連絡をする）

②約束していたことができなかった場合は児童・生徒にも謝る

③約束が守れる日に家庭訪問の設定をする

④不登校が始まったころには家庭訪問で会うチャンスがあるので，ともかく話を聴く姿勢をみせる（こちらから，あれこれ聞きすぎず，アドバイスしない）

⑤どうして登校できないのかと詰問しない（理由がわからないことも多い）（➡『学校で知っておきたい精神医学ハンドブック』210ページ）

⑥家庭訪問の初期には登校刺激は与えない（「学校で待ってるよ」，「心配せずに来たらよい」，「勉強が遅れるよ」）

⑦信頼関係ができたときには，学校での行事や今やっていることを説明する

⑧信頼関係が深まってきたときには，放課後登校など，他の児童・生徒が

いないときに来校することを勧める

⑨さらに信頼関係が築けた場合は，一緒に近くの公園に行くなどし，学校まで行くことも勧める

⑩信頼関係が続けば，通級指導教室や適応指導教室を勧める

⑪本人が学校へ行きたいと言い出した場合は，行き方について相談にのる

⑫支援を通し，本人が変化していったことを学校と家庭とで共有する

 ## どのように考えたらよいのでしょうか

　不登校については，『学校で知っておきたい精神医学ハンドブック』（前著）に詳しく説明しています。まず最初に，「登校しない，登校できないことの背景にある本人のつらさを理解できるかどうか」です。次に，難しいかもしれませんが，「登校できない気持ちに共感できるかどうか」です。そして，「困っていることに気づけるかどうか」です。Aさんのように，不登校になりかけたときに，担任を頼りにし，何かきっかけをつかもうとすることがあります。その際，担任はしっかりと本人の気持ちをつかみ，約束は最優先で果たすことが望まれます。できない約束をしないか，約束をしても無理な場合は事情を早めに連絡することもお願いします。担任は自分が忙しいことを本人や家族が理解しているだろうと錯覚しやすいのですが，児童・生徒はどんなに忙しくても自分のことを考えてもらえるとうれしいのです。児童・生徒の気持ちを第一にして，できる約束をお願いしたいです。

 ## 他にどんなことが考えられるでしょうか

　一般的に，自分のことがわかってもらえない，頼りにできないと思っているときは家庭訪問しても，出てきません。いじめられているときや不安が強いとき，ストレスにより心が弱っているときには出てきません。自分のことがわかってもらえていると確信が持てないと出てこないものです。

日頃からの接し方，関わり方が強く影響します。睡眠障害の場合，起きて訪問を待っていることもあるのですが，待てずに寝てしまうと出てきません。児童・生徒の気持ちに寄り添った教室運営がこんなときに活きてきます。

38

耳を押さえる

　校内で大きな音が聞こえたときなど，耳を塞ぐ，耳を押さえる動作をする児童・生徒がいます。耳を押さえる児童・生徒を見ていきましょう。

考えられる疾患や症状

①下記の②〜⑥以外の場合

②聴覚過敏（➡『学校で知っておきたい精神医学ハンドブック』157 ページ）

③自閉スペクトラム症（ASD）（➡『学校で知っておきたい精神医学ハンドブック』156 〜 158 ページ）

④注意欠如多動症（ADHD）（➡『学校で知っておきたい精神医学ハンドブック』153 〜 155 ページ）

⑤その他の神経発達症（発達障害）（➡『学校で知っておきたい精神医学ハンドブック』159 〜 179 ページ）

⑥統合失調症群（➡『学校で知っておきたい精神医学ハンドブック』148 〜 149 ページ）

症例

■Aさん（7歳　小学1年生　男子）

　Aさんは幼稚園までは，耳を押さえる行動はなかったようですが，小学校入学後，音楽会の練習のとき，運動会の練習のとき，耳をしばしば押さえるようになりました。担任は，耳を押さえずしっかりと練習するように

伝えたのですが，ある日耳を押さえたまましゃがみこんで動かなくなりました。すぐに保健室に連れていって休ませたところ，大きな音が嫌だといいます。養護教諭は，聴覚過敏に関する知識があったため聴覚過敏を疑い，保護者と連絡をとり，これまでそのようなことがあったかどうか尋ねました。保護者は「そういえば，掃除機の音や，車のクラクションに耳を塞いでいたことがありました」と言います。Aさんは，幼稚園まではさほどきつくなかったが音楽会や運動会のときは音が大きく感じたと，耳を塞いだわけをつらそうに話しました。よく聴くと，与えられた楽器が苦手だったこと，走るのが苦手だったこともわかりました。そこで職員間で相談し，必要時に耳を塞いだり，耳栓をしたり，ヘッドフォンをしたりすることを本人に勧め，他の児童へいきさつを説明し，理解を求めました。その年，運動会には参加できましたが，音楽会には参加できませんでした。翌年は得意な楽器をし，走る練習も行い，大きな音には耳を塞いでいたもののなんとか参加はできました。小学6年生になると，大きな音もかなり我慢できるようになり，耳を塞ぐことはなくなりました。

🏫 学校内で配慮・実践すべきこと

①耳を押さえているときには，まず痛みがあるかどうかを確認する。痛みがあれば，中耳炎などの耳鼻科的疾患を疑い，耳鼻科受診を勧める。痛みを訴えない場合もあるため，春の健康診断で一度は耳鼻科学校医に診てもらう

②聴覚過敏がわかれば，耳栓やイヤーマフ，ヘッドフォン，ノイズキャンセリングイヤホンなどの過敏対策を児童・生徒や保護者，教員間で相談する

③聴覚過敏はなんらかのストレス負荷や，思春期を迎えたときの情緒的な揺れが出現したときに，今まで気づかれていなかったことが気づかれることがあるので，わざと耳を押さえているわけではないと，まず考える

④支援を通し，本人が変化していったことを学校と家庭とで共有する

どのように考えたらよいのでしょうか

　耳を押さえる行為はいろいろなことが考えられますので，想像力を豊かにする必要があります。特に聴覚過敏は周りがなかなか理解できないこともありますから，早めにしかも慎重に対処することが求められます。Aさんの場合，早めに気がつき，早めに対策がとれたのでよかったのですが，そうでない場合は長い間苦しむことになります。特に，思春期を迎えた中学時代に突然現れた場合は，なかなか聴覚過敏に気づかれませんし，わざとやっていると捉えられることもあります。

 ## 他にどんなことが考えられるでしょうか

　神経発達症（発達障害），特に自閉スペクトラム症（ASD）には多く，注意欠如多動症（ADHD）にもみられることがあります。不安が強いときや統合失調症の初期症状（耳鳴りや幻聴など）でも耳を塞ぐことがあり，学校でもある程度の精神医学的な知識に基づき，何か起こっているのではと日頃からの観察眼を磨いておいてほしいものです。

◘ 参考

　HSC（Highly Sensitive Child：非常に敏感で感受性の高い子ども）……大きな音，光，痛み，かゆみ，肌触り，暑さ寒さ，舌触りなど刺激に対して敏感な児童・生徒がみられる。学校での生活にも支障を来すことがあり，対応に困ることがある。特性を理解し，良い点を伸ばし，自己肯定感を高めることが大切といわれている。神経発達症（発達障害）でも症状の一つとして，聴覚過敏や光過敏，皮膚過敏などがみられるが，神経発達症による症状との区別はつきにくいこともある。

　ノイズキャンセリングイヤホン……聴覚過敏の児童・生徒が授業中などに外部の騒音を軽減させるイヤホンのことである。これを利用とすると，勉強や先生の話に集中しやすくなる。

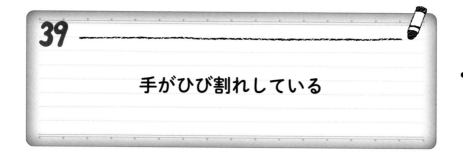

手がひび割れしている

　手がひび割れしている児童・生徒がいます。手がひび割れしている児童・生徒について見ていきましょう。

考えられる疾患や症状ほか

①下記の②～④以外の場合
②強迫症（➡『学校で知っておきたい精神医学ハンドブック』90～96ページ）
③ヤングケアラー（➡『学校で知っておきたい精神医学ハンドブック』210ページ）
④虐待（➡『学校で知っておきたい精神医学ハンドブック』230～232ページ）

症例

■Aさん（15歳　中学3年生　女子）

　Aさんは中学2年生のときから，よく保健室に来て手のひび割れの相談をしていました。養護教諭は保湿クリームなどを紹介し，冬場は悪化するので訪室するたびに頻繁に相談にのっていました。中学3年生の秋，そろそろ志望校を決め，受験に向けて三者面談などがあり，プレッシャーが生徒たちにかかるころ，さらにAさんのひび割れは悪化し，鉛筆を持つのもつらいと話しました。養護教諭が担任に尋ねると，Aさんがよく手を洗っていることに気づいていました。そこで養護教諭はAさんを保健室に呼び，家での手洗いの状況を尋ねました。そうすると，新型コロナウイルス感染も気になり，家で勉強する前に鉛筆をすべて洗い，教科書もアル

コール洗浄し，手洗いも1時間くらいかけて念入りにするとのことでした。また，外出時もアルコール消毒液を常に持ち，偶然何かに触ると，そのたびにアルコール洗浄をしていました。手のひび割れは，念入りな手洗いによることがわかりました。Aさんと保護者，担任と話し合いの場を持ち，この症状は医療機関に行って相談したほうがよいと説明し，養護教諭は知り合いの児童精神科医を紹介しました。

学校内で配慮・実践すべきこと

①冬場は手のひび割れを持っている児童・生徒が増える。その際，手洗いがどの程度行われているかを確認する

②手洗いの程度が極めて多い場合は，医療機関の紹介も考慮する

③治療が導入された場合は，学校側も協力を惜しまない

④支援を通し，本人が変化していったことを学校と家庭とで共有する

どのように考えたらよいのでしょうか

　手にひび割れがあるときは，頻回な手洗いの可能性が高いのですが，乾燥しやすい肌の児童・生徒もいますので，丁寧な聞き取りが必要です。Aさんのひび割れの原因は長く気づかれなかったのですが，ひび割れの悪化に対して養護教諭が担任に確認し，詳しく家での生活状況を尋ね，明らかになりました。受験などのストレス負荷により，手を洗う回数が増えることがあり，教科書までも洗うこともあります。こういった場合があることを，頭に置いていただくとよいでしょう。

他にどんなことが考えられるでしょうか

　ヤングケアラーが家事を引き受けたり，虐待で不潔な状態に置かれたり，水を使う作業を強要されたりした結果，手が荒れることもありますの

で，ここでも丁寧な関わりが求められます。

40

学校の先生が怖いと感じる

　昔から，学校には厳しい先生がいらっしゃいました。児童・生徒たちは，新学年の学級が決まる始業式には厳しい先生に当たらないように祈ったものです。先生方も児童・生徒たちが，常識ある品行方正な人になるように厳しく指導し，それなりに児童・生徒もついていっていたようです。厳しい先生に愛情がないわけではなく，愛情いっぱいな方もいらっしゃいました。ただ，かつての児童・生徒も成人になると，小学校時代の教師からの叱責をしばしばフラッシュバックのように思い出し，悪夢を見るなど苦しむことがあるようです。その場合の叱責は，聞いてみると，やはりその年代には厳しすぎるのではないか，不合理ではないかと思えることもあります。学校の先生が怖いことから心身の症状が出現した例を挙げ，説明します。

📋 考えられる疾患や症状

①下記の②〜④以外の場合

②ストレス関連症候群（➡『学校で知っておきたい精神医学ハンドブック』58 〜 71ページ）

③不安または恐怖関連症群（➡『学校で知っておきたい精神医学ハンドブック』72〜 89 ページ）

④心身症（➡『学校で知っておきたい精神医学ハンドブック』10 〜 24 ページ）

症例

■ A さん（8 歳　小学 2 年生　男子）

　A さんはひょうきん者で，教室内でいつもおどけていましたが，小学 1 年生のときは勉強もよくでき，大きな問題もなく過ごしました。小学 2 年生になり，忘れ物やなくし物も多く，友達にちょっかいを出し，授業中に集中することも難しく，パソコンで調べものをしても他のことを検索していました。担任が注意しても聞かず，厳しく接すると頑なになり，黙ってしまいます。宿題もせず，担任の言うことを一つも聞かないため，担任が激怒し，A さんは廊下に机を出されたり，廊下で立たされたりして，毎日のように叱られました。徐々に胸痛や頭痛，担任の声に対する恐怖感が生じ，登校しづらくなりました。

■ B さん（8 歳　小学 2 年生　女子）

　B さんはもともと少し心配性でしたが，真面目で一生懸命学校生活を送っていました。小学 2 年生になり，上記の A さんと同じクラスになりました。A さんや他の児童たちは非常に活発でうるさく，ルールも守らないため，担任が大きな声でしばしば叱責しました。5 月の連休明けくらいに，担任の声が耳につき，恐怖感が増し，朝，腹痛や頭痛，発熱が生じ，行き渋りがみられるようになりました。

 学校内で配慮・実践すべきこと

① クラスの皆の話をよく聴き，皆で守れるルールをつくり，守れたらしっかり褒める
② 他の児童・生徒が叱られているときも「自分が叱られている」と感じる場合もあると認識する
③ 例外的に集中できたり，我慢できたりした際に間髪を入れず褒める
④ 先輩教師や管理職に授業を見てもらい，工夫できる点を相談し，実行す

る

⑤保護者に授業を見学に来てもらい，実態を把握してもらい，対策を保護
　者と共に考える

⑥教育委員会に，生徒指導の専門家を派遣してもらい，相談する

⑦支援を通し，本人が変化していったことを学校と家庭とで共有する

 ## どのように考えたらよいのでしょうか

　小学校のクラス運営は担任一人に任せられることが多く，うまくいかな
くなると，なかなか抜け出すことが難しくなり，担任もどうしてよいかわ
からず袋小路に入ることが多くなります。その際，相談できる先輩教師
や，管理職，生徒指導の専門家がいるとずいぶん楽になりますので，常日
頃から相談相手をもっておくとよいでしょう。ＡさんとＢさんは，児童・
生徒への指導がスムーズにいかず，心身の症状が出現した例です。かつて
のようにただ叱ればよいという生徒指導は，通用しなくなりつつあるとい
うことは心に留めておいたほうがよいでしょう。

 ## 他にどんなことが考えられるでしょうか

　学校の先生に恐怖を感じた結果，適応反応症（適応障害），不安または
恐怖関連症群，心身症になることがあります。それぞれの対応方法は『学
校で知っておきたい精神医学ハンドブック』（前著）を参考にしてくださ
い。ただ，まず不安・恐怖を軽減する対策が必要になります。パワハラと
訴えられることもあります。誤解もあるのですが，明らかにパワハラ事例
だと考えられるケースも見受けられます。問題となった場合，丁寧に話を
聴く，その際，養護教諭やスクールカウンセラーに入ってもらうほうがよ
いでしょう。叱責の際の言葉づかい，態度には常に気を配り，児童・生徒
を一人の人間として尊重するのは当然のことです。教員には教室運営の責
任者として強い権力が必然的に与えられています。児童・生徒と話すとき

には，常に襟を正し，しっかり向かい合い，児童・生徒を大事に思っていることが通じるように，心を込めた対話になるようお願いします。

前出の「21．泣く」や6ページの「トラウマを念頭に置いたケア」も参照してください。

41

つま先歩きをする

　学校には，実はけっこう緊張する場面が多く，その緊張が児童・生徒の成長にうまく働く場合もあり，逆に成長を阻害することもあります。毎年毎年，同じ行事をして慣れているはずの教職員も緊張し余計に張り切ったり，プレッシャーを感じたりします。そのぶん，さらに児童・生徒の緊張感が増すようです。緊張のため，怒り肩になったり，猫背になったり，チックが生じたり，ゲップが出たり，つま先歩きになったりすることもあります。つま先歩きを例にとり，どんなことが生じているのか考えてみましょう。

📋 考えられる疾患や症状

①下記の②〜⑥以外の場合

②心身症（➡『学校で知っておきたい精神医学ハンドブック』10〜24ページ）

③身体症状症および関連症（➡『学校で知っておきたい精神医学ハンドブック』25〜32ページ）

④ストレス関連症候群（➡『学校で知っておきたい精神医学ハンドブック』58〜71ページ）

⑤不安または恐怖関連症群（➡『学校で知っておきたい精神医学ハンドブック』72〜89ページ）

⑥神経発達症（発達障害）（➡『学校で知っておきたい精神医学ハンドブック』153〜179ページ）

症例

■Aさん（7歳　小学1年生　男子）

　もともと接触過敏があったようであり，保育園時代から，緊張するとつま先歩きをしていましたが，あまり周りは気に留めていなかったようです。優しい子であまり多くを話さず，活動的な遊びはしませんでした。小学校に入学後，さらに緊張度が高まり表情も硬く，本人から話すことはありませんでした。保健室へしばしば行くようになり，養護教諭が脚の変形に気づき，びっくりして保護者を呼び，整形外科受診を勧めました。整形外科で，つま先立ちによる二次拘縮が明らかになり，装具をつけリハビリが開始されました。徐々に脚の形や可動域が改善していきました。同時にカウンセリングを受け，少しずつ緊張度を減らす練習をしていき，歩き方も改善し，少しずつ自分から話をするようになりました。

 学校内で配慮・実践すべきこと

①緊張や触覚過敏があることを理解し，緊張が軽減するような働きかけをする（別室や保健室を利用して学校に慣れる）
②医療機関受診中なら，支援方法を尋ね，保健室でもリハビリの手助けをする
③本人や保護者の話をよく聴き，できることを考える
④利用できる支援機関（通級指導教室など）を提案する
⑤早期の気づきにより本人の課題への適切な支援が可能になるので，関係者は適切な知識を身につけるよう研鑽する
⑥支援を通し，本人が変化していったことを学校と家庭とで共有する

どのように考えたらよいのでしょうか

　接触過敏，不安・緊張が他の人より強く，歩き方がつま先立ちになり，

それが長期にわたって続いたため脚が変形し，二次的な拘縮が起こったようです。つま先歩きの児童・生徒は，実は意外にいるようですが，なかなか気づかれず，自然によくなることも多いようです。大学生になっても残っていた事例の経験もあります。ただ，緊張度が長期に続くと，その状態に慣れ，くせやこだわりに結びつくことがあります。早めに発見し，硬くなっていれば，整形外科などの専門機関で，リハビリなど適切な治療を行うことで早期改善に向かいます。丁寧な観察と，丁寧な働きかけの有無で数年後には大問題になるか，順調な成長につながるかの大きな分かれ道になります。このことは，銘記しておきましょう。

他にどんなことが考えられるでしょうか

　心身症，身体症状症および関連症，ストレス関連症候群，不安または恐怖関連症群，神経発達症（発達障害）でもみられますが，基本は不安・緊張の軽減を図ることです。

◆ 参考 ━━━━━━━━━━━━━━━━━━━━━━━━━━━━━━━━━━━━━

　感覚過敏……感覚過敏は周囲の音やにおい，味覚，触覚など外部からの刺激が過剰に感じられ，激しい苦痛を伴って不安に感じられる状態のことをいう。皮膚に触れられるものへの感覚過敏を触覚過敏といい，服の繊維や，人から触れられること，雨や風の刺激など，ちょっと触れた刺激にも敏感に反応する。

---

42 ━━━━━━━━━━━━━━━

いつもニコニコしている／
困ったら笑ってしまう

　学校内で，いつもニコニコしている児童・生徒は，時々見かけられます。教師からの指示にも素直に従い，他の児童・生徒からちょっかいを出されてもニコニコと学校生活を送っています。困ったら笑ってしまう児童・生徒もいます。ニコニコしている子について見ていきましょう。

考えられる疾患や症状

①下記の②〜⑤以外の場合

②神経発達症（発達障害）（➡『学校で知っておきたい精神医学ハンドブック』153〜179ページ）

③脳の器質性疾患

④慢性身体疾患（➡『学校で知っておきたい精神医学ハンドブック』248〜251ページ）

⑤心身症（➡『学校で知っておきたい精神医学ハンドブック』10〜24ページ）

症例

■Aさん（7歳　小学1年生　男子）

　Aさんは，小学校入学後，落ち着きなく活動的で，授業中もニコニコしながら歩き回っていました。担任から注意を受けても気にすることなく，ニコニコと他の児童の横に行ったり，廊下に出たりしていました。担任は困って保護者と連絡をとりました。家でもほとんどじっとしていられず，

夜も眠らず家族も困っていました。そこで，近くの総合病院の小児科と精神科を受診しました。そこでは幼少時期からの詳しい生育歴が確認されました。1歳で言葉も出て歩き始め，1歳半健診では問題を指摘されませんでした。1歳半健診後，インフルエンザなどのウイルス疾患に続けて罹患し，高熱がかなりの期間続きました。当時，近医小児科を受診したものの，入院もなく自宅での療養だったようです。熱が下がったのち，急に言葉が出なくなり，落ち着きがなく，衝動的で入眠も困難になり，夜中にも目が覚め，朝の目覚めも早くなりました。機嫌の悪いときもあったようですが，おおむねずっとニコニコして機嫌がよかったようです。両親とも働いており，なかなか病院に連れていく機会もなく，小学校へ上がるまではなんとか家庭でみていました。小学校に入り環境の変化のためか，さらに落ち着きがなく，睡眠リズムも乱れてきたようです。

■Bさん（10歳　小学4年生　女子）

　Bさんは，普段からニコニコしていますが，授業中や休み時間など担任やクラスメイトの質問に答えられず，困ったときにはつい笑ってしまうようです。新学年になり，授業中に質問され，答えられず笑ってしまいました。授業中，真剣さが足りない，ふざけていると強く叱責されました。それでも，どんな顔をしたらよいのかわからず，じっと立っていました。

学校内で配慮・実践すべきこと

①丁寧に学校内での様子を観察する
②本人が困ったように見えなくても，どんな場面でもニコニコしていることに対して，もしかして何か本人に困っていることがあるのではないかと想像する
③困ったときに笑う場合，どんなときに笑ってしまうのか観察する
④担任は，養護教諭やスクールカウンセラー，管理職と相談する
⑤保護者と話し合いの機会を持つ

⑥話し合いの結果，受診が必要と考えられるならば，医療機関を紹介する
⑦支援を通し，本人が変化していったことを学校と家庭とで共有する

 ## どのように考えたらよいのでしょうか

　いつもニコニコしている児童・生徒は，担任にとってはやりやすいことも多いのですが，Aさんのようにほとんどじっとしていられず活動的な児童・生徒には，ベテランの担任でも困ってしまいます。またBさんのように，困ったときにどのような顔をしたらよいかわからない児童・生徒もいます。場面が読めない児童・生徒もいます。そのなかに，幼少時に脳炎など器質的疾患に罹患したり，交通事故に遭遇し，そのことがニコニコ顔に隠れて気づかれていない場合も見受けられます。単なる発達面ではなく，器質的な面にも注意を向ける必要があります。

 ## 他にどんなことが考えられるでしょうか

　神経発達症（発達障害）では，周りで起こっていることを理解できないことから，ニコニコしたり笑ってしまったりするようです。
　脳の器質性疾患や慢性身体疾患では，器質的な障害そのものから生じるニコニコ顔の場合や，周りを心配させないためにニコニコしている場合もあります。
　心身症の場合は，周りに合わせようと過剰に適応し，無理にニコニコしてしまうようです。
　個々の状態，症状を理解し，それぞれに合った対応をしていきましょう。
　神経発達症では，起こっていることをわかりやすく，丁寧に説明する，慢性身体疾患では，つらいときにはつらいと言ってよいのだと伝える，心身症では，無理せず自分の気持ちを正直に表すコツをスクールカウンセリングなどでの支援を受け，支援者が伝授するとよいでしょう。

149

学校から飛び出す

最近は，安全対策の一環として学校の門は閉まっていることが多く，鍵がかかり，外へ出られません。外部から入るときには許可がいります。しかし，何らかの事情で偶然開いているときがあり，そんなときに飛び出すこともみられます。

考えられる疾患や症状

①下記の②〜⑥以外の場合

②てんかん（➡『学校で知っておきたい精神医学ハンドブック』200 〜 204 ページ）

③不安または恐怖関連症群（➡『学校で知っておきたい精神医学ハンドブック』72 〜 89 ページ）

④ストレス関連症候群（➡『学校で知っておきたい精神医学ハンドブック』58 〜 71 ページ）

⑤注意欠如多動症（ADHD）（➡『学校で知っておきたい精神医学ハンドブック』153 〜 155 ページ）

⑥衝動制御症群（➡『学校で知っておきたい精神医学ハンドブック』124 〜 131 ページ）

症例

■Aさん（14 歳　中学 2 年生　男子）

新学期が始まって 1 カ月くらい経ったころ，休み時間に偶然校門が開

いていました。Aさんは，誰にも何も言わず，何も持たず，上靴（上履き）のまま校門の外に出てふらふら歩いているところを近所の人に発見されました。制服から判断され，中学校に連絡が入り，担任と生徒指導担当教諭が迎えに行きました。学校へ戻り保健室に連れていくと，しばらくぼーっとしていました。1時間ほど休むと，声かけにも返事をするようになり，何も覚えていないといいます。近くの総合病院の小児科を受診し，精査の結果，脳波よりてんかんと診断されました。

■Bさん（7歳　小学1年生　男子）

　Bさんは何にでも興味を持つ好奇心旺盛な児童です。学校中を走り回っています。ある春のぽかぽか陽気の午後，学校の門が偶然開いていました。その隙に飛び出していくBさんの姿を4階の高学年の担任が見かけ，Bさんの担任に連絡しました。

学校内で配慮・実践すべきこと

■Aさんの場合

①外へ出たときの状態を観察し，むやみに叱責をしない。大声で呼びかけたり，身体に強く触れたりしない

②慌てず静かに誘導して保健室まで連れていく

③保健室ではゆっくり休ませ，落ち着くまで待つ

④同時に保護者に連絡し，病院へ連れていくかどうか判断する

⑤病院を受診後，今後の対応について保護者と共に検討する。その際，主治医からアドバイスを受ける

⑥支援を通し，本人が変化していったことを学校と家庭とで共有する

■Bさんの場合

①日頃から行動パターンを観察し，どういった行動をとるか予測する

②本人とよく話し合い，ルールづくり（校外に出ないなど）をする

③粘り強く声かけを行う

④飛び出したときは，ある程度大きな声で呼ぶ

⑤心配していることを伝える

⑥支援を通し，本人が変化していったことを学校と家庭とで共有する

 ## どのように考えたらよいのでしょうか

　学校の外へ飛び出すのもいろいろなことが考えられます。Aさんのように，てんかん発作で外に出て記憶にないこともあります。Aさんのような場合は，何が起こったかは最初わからないことも多いのですが，何か本人にとって大変なことが起こっていることは想像できます。驚かせず，ゆったりとした声かけができ，適切な対応ができるようある程度の知識を学んでおきましょう。Bさんのように日頃から活発な児童は，校外に飛び出すことはある程度予測がつきますので，事前に対策を練っておきます。本人と話し合いをして校外に出ないなどのルールづくりや声かけを粘り強く行っていきます。

 ## 他にどんなことが考えられるでしょうか

　幼稚園児，保育園児，小学生では，神経発達症（発達障害），特に注意欠如多動症（ADHD）の子どもの場合，好奇心旺盛なため衝動的に学校から出ることもあります。小学生，中学生などでは，学校内での強い不安や恐怖の出現，恐怖体験のフラッシュバックにより，出ていくこともあります。中学生くらいでは，衝動制御症群のように突然キレて飛び出すこともあります。丁寧にみれば，それぞれの行動は理解できますが，すぐにどれかを判断することは困難です。まず職員で話し合いを持ち，情報を持ち寄り，対策を練ることが必要です。『学校で知っておきたい精神医学ハンドブック』（前著）を参考にしてください。

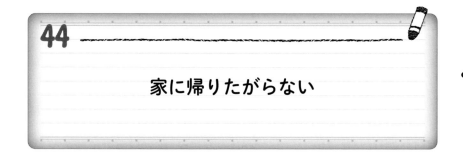

家に帰りたがらない

　最近は，家から出ず学校に行きたがらない児童・生徒が目立ちますが，一方で，家に帰りたがらない児童・生徒も時折見受けられます。家に帰りたがらない児童・生徒について見ていきましょう。

考えられる疾患や症状ほか

①下記の②～④以外の場合
②児童虐待（➡『学校で知っておきたい精神医学ハンドブック』230～232ページ）
③ストレス関連症候群（➡『学校で知っておきたい精神医学ハンドブック』58～71ページ）
④家庭内暴力（➡『学校で知っておきたい精神医学ハンドブック』220～222ページ）

症例

■Aさん（14歳　中学2年生　女子）

　Aさんは放課後，なかなか学校から出ようとしません。教師たちが毎日いろいろと話を聞き，事情を聞こうとするのですが，多くを語らず，帰りたがりません。毎日夜の7時になりようやく帰宅の途につきます。夏休みも，教師たちがいる間は学校の教室で勉強しています。保護者に連絡しないでくれと言うときには，非常に悲しそうな表情になります。保護者に連絡をとろうとしても，電話に出ません。いたしかたなく自宅まで送ることもありますが，誰もいないように見えます。Aさんに聞くと，両親とも

遅くまで働いており，帰ってくるのが深夜になるようです。食事は母親が毎朝早く作って用意しているようです。一時期，保護者には食事を作る時間もないことがあり，Ａさんは地域の子ども食堂を利用していたこともありました。中学2年から3年まで，結局遅くまで学校に残ることを教師たちは認めたようです。

🏫 学校内で配慮・実践すべきこと

①他の児童・生徒とは異なる言動をとる場合には，その児童・生徒が何らかのサインを出している可能性があるという視点を持つ

②早く帰宅するように促す前に，事情をゆっくりと時間をかけて聴くようにする

③保護者と連絡をとり，事情を聴き，学校としてできることを考える（保護者と連絡をとるリスクを考慮した結果，本人の安全が確実なら）

④事情を考慮して可能なら，時間の許す限り学校で過ごすことを認める

⑤必要なら関係諸機関と相談する。特にスクールソーシャルワーカーを中心に学校としての対応を検討する。その際，本人の気持ちに沿った対応を可能な限り行う

⑥可能なら，支援を通し，本人が変化していったことを学校と家庭とで共有する

❓ どのように考えたらよいのでしょうか

　家庭内での支援がほとんどない場合，学校での支援は限られたものになります。保護者に頼らないと生きていけない中学時代を，可能な範囲でなんとか支え，卒業まで持たせ，進路先に継続支援をお願いするのが精一杯のこともあります。進路先でも，一人で生活できるようになるまで成長を待たざるを得ないこともあります。学校でできることは限られますが，ある時間までの居場所を職員室や校長室などに確保することも考えていただ

けると，ありがたいものです。

他にどんなことが考えられるでしょうか

　家に帰りたくない児童・生徒には，さまざまな事情があります。虐待やきょうだいによる家庭内暴力，家庭内でのトラウマ的出来事，両親の不和，家庭の経済的な問題が隠れていることもあり，一筋縄ではいかないことも多いようです。背景をつかみ，管理職，生徒指導担当，コーディネーター，スクールソーシャルワーカー，養護教諭，スクールカウンセラーなど学校内での人的資源を統合して支援していくのがよい場合もあります。

❖ **参考**

　子ども食堂……2020 年 4960 カ所が 2021 年には 6007 カ所に増加している，という報告もある。コロナ禍では，子ども食堂の利用がますます増えているのが示唆されている。https://musubie.org/news/4524/

45 スカートをはきたくない（ズボンをはきたい）／ ズボンをはきたくない（スカートをはきたい）

　最近は文部科学省からの通知もあり，性的少数者の児童・生徒に対するきめ細かい配慮を行うようになりつつあります。ただ，制服の着用については自由度が制限され，なかなか希望が通りにくかったようですが，徐々に認める自治体も出てきています。

考えられる疾患や症状

①下記の②〜④以外の場合
②性別違和，性別不合（➡『学校で知っておきたい精神医学ハンドブック』244〜247ページ）
③自閉スペクトラム症（ASD）（➡『学校で知っておきたい精神医学ハンドブック』156〜158ページ）
④その他の神経発達症（発達障害）（➡『学校で知っておきたい精神医学ハンドブック』153〜155，159〜179ページ）

症例

■ Aさん（5歳　幼稚園　男子）

　Aさんは幼稚園へ通い出したころからズボンをはくのを嫌がり，スカートや赤い暖色系の洋服を着ること，ピンクの靴を履くことを好み，姉のお下がりを着ていました。服屋に行ったときも女子のコーナーに行き，試着しました。保護者は本人の考えに沿い，自由に本人の選ぶ服を着せていま

した。幼稚園の教師たちは，小学校に入ってから皆からいじめられるのではないかと心配し，また，発達の問題もあるのではと考え，保護者にアドバイスしました。それに従って精神科の子ども外来を受診しました。子ども外来では発達検査を行い，それに基づいて本人の特性を活かすように保護者に伝えました。保護者もこれまでの方針を変えず，本人が選ぶ服装について，何もコメントせずにいました。Aさんは幼稚園の年長組の終わりごろから，ズボンもはきだし，小学校に入ったときにはズボンと白い靴で登校するようになりました。

 ## 学校内で配慮・実践すべきこと

①本人の希望に沿った服装を認める
②規則も自由に服装を選べるようにする
③他の子や保護者からのいじめや中傷がないように働きかける
④文部科学省からの通知に基づき，更衣室として保健室や多目的トイレの利用を認めるなど，一人ひとりの状況に応じた試みを行う
⑤支援を通し，本人が変化していったことを学校と家庭とで共有する

 ## どのように考えたらよいのでしょうか

　Aさんの場合は発達の過程で本人の好みが変わり，外観から見られるジェンダーと自分が意識するジェンダーの間の不一致が徐々に変化し，苦痛がなくなってきたようです。しかしながら，著しい不一致が続き，この状態が苦痛な場合もあります。その際は文部科学省からの通知に基づき，きめ細かい配慮を行い，支援することが二次的障害を防ぐことになります。

他にどんなことが考えられるでしょうか

　自閉スペクトラム症（ASD）などの神経発達症（発達障害）で，こだわり，本人の洋服やヘアスタイルなどの好みから生じることもあり，そのあたりは本人の特徴をみていくことではっきりすることもあります。その場合，焦らず待つ姿勢が重要で，あれこれと叱責したり押しつけたりしないようにしたいものです。じっくりと見守っていくと自然に好みが変わっていくこともあります。

◆参考

　ダイバーシティ……文化，人種，国籍，ジェンダー，障害など，それぞれが多様であること，多様性を意味する言葉である。学校では子どもたちが多様であることを認め，多様性を尊重し合う態度や行動を育むことが求められている。

　制服への恐怖……制服の好みで学校を選ぶ児童・生徒がいる一方で，制服への不安・恐怖を覚える児童・生徒がいる。ボタンへの恐怖で制服を着ることのできない児童・生徒もみられる。もう少し，制服について融通がきけば登校もできるのにと思うことがある。

46 クラスメイトの持ち物にいたずらをする

　小学校低学年のときにクラスメイトの持ち物にいたずらをする児童・生徒は，時々みられます。衝動的にちょっかいを出す，こうすれば人が困るだろうといった自分の行動が与える影響についての予測ができない，あるいは，くせになっている児童・生徒も見受けられます。小学校高学年から中学にかけてはいじわるや，いじめといったことも考えられます。持ち物にいたずらをする児童・生徒について考えてみましょう。

考えられる疾患や症状ほか

①下記の②〜⑤以外の場合

②神経発達症（発達障害）（➡『学校で知っておきたい精神医学ハンドブック』153〜179ページ）

③衝動制御症群（➡『学校で知っておきたい精神医学ハンドブック』124〜131ページ）

④いじめ（➡『学校で知っておきたい精神医学ハンドブック』214〜219ページ）

⑤習癖（➡『学校で知っておきたい精神医学ハンドブック』235〜239ページ）

症例

■Aさん（8歳　小学2年生　男子）

　Aさんは小学校入学後，落ち着きがなくうろうろしていましたが，徐々に落ち着いて，座って授業を受けるようになっていました。小学2年生

になり，1学期は落ち着いて授業を受けていましたが，運動会の練習が始まったころから，クラスメイトの手提げ袋の持ち手をハサミで切る，授業中に前の席の児童の髪の毛を切る，体操服を隠すといった行為がみられるようになりました。そうした行為は，担任が何回も注意をすることで，改善していきました。ところが音楽会の練習が始まったころから，靴を隠したり，給食エプロンを隠したり，担任の持ち物を自分の机の中に入れたりするようになりました。担任は，保護者や養護教諭，スクールカウンセラーと相談しました。行事の練習で忙しくなり，余裕がなくなると物を隠すという行為が出現するのではないかとの仮説を立て，担任が行事の初めには丁寧に説明し，実際にする内容を一緒に行うようにしました。その後は，隠す行為や他の児童へのちょっかいやいじわるな行為はなくなりました。

 ## 学校内で配慮・実践すべきこと

①本人に気持ちを尋ねる。その際，丁寧に話を聴く
②行為が危険なものなら，その危険度を説明し，危険なことをやめるように何回も話をする。その際，叱責は避けたい
③本人の行動パターンを把握し，予防できるならば予防する
④危険なものを教室内に置かないようにする
⑤行動の背景にあるものを探すため，養護教諭やスクールカウンセラー，保護者と相談する
⑥行動の背景がわかれば，その対策を練る
⑦支援を通し，本人が変化していったことを学校と家庭とで共有する

 ## どのように考えたらよいのでしょうか

　他の児童・生徒の持ち物へのいたずら，ちょっかいやいじわるな行為，規則に反する行為がみられたときには，叱責や注意のみでなく，背景に何

かあるのではないかとまず考えてみましょう。そのためには養護教諭やスクールカウンセラーなど，児童・生徒の言動や特性について詳しい方と相談するのがよいでしょう。Aさんの場合も，ストレス負荷が大きく行動化に結びついたと考えられます。背景に神経発達症（発達障害），いじめ，習癖があるかははっきりしませんが，学校内での情報収集，相談，工夫が必要な児童であったと思われます。

他にどんなことが考えられるでしょうか

　神経発達症（発達障害）の場合，知的発達症ではよくわかっていないことが多く，注意欠如多動症（ADHD）では衝動的であることが多く，自閉スペクトラム症（ASD）では結果が読めないことが多いようです。いじめでは，誰が行ったかはわからないことが多く，慎重に事を運ぶ必要があります。各教職員で共通理解をして，アンテナを張っておく，先入観をなくす，いたずらされないように管理をしっかりすることにも取り組みましょう。習癖の場合は，同じことが繰り返され，本人もなかなかやめることができません。クラスメイトの持ち物にいたずらをしない習慣づけをすることを，当事者と丁寧に具体的方法を話し合います。

47

傷やあざがある
（保健室で偶然あざを見つけた場合）

　例えば児童・生徒が体育で転倒しひざをすりむいて保健室を訪室した際，養護教諭らが偶然，転倒とは関係のない部位に傷やあざを見つける，といったことがあるかもしれません。まれではあるにしろ，保健室では注意しておくことの一つです。偶然あざを見つけた場合について見ていきましょう。

📋 考えられる疾患や症状ほか

①下記の②〜⑤以外の場合
②児童虐待（➡『学校で知っておきたい精神医学ハンドブック』230 〜 232 ページ）
③いじめ（➡『学校で知っておきたい精神医学ハンドブック』214 〜 219 ページ）
④自傷行為（➡『学校で知っておきたい精神医学ハンドブック』223 〜 229 ページ）
⑤家庭内暴力（➡『学校で知っておきたい精神医学ハンドブック』220 〜 222 ページ）

😀 症例

■ A さん（9 歳　小学 3 年生　女子）

　A さんは元気で活発な子でした。しかも，あわてんぼうなところがありました。よくひざをすりむき，腕にも内出血の跡がみられました。小さなけがをしたとき，保健室に駆け込んできて，絆創膏を貼ってもらうのを楽しみにしているようなところもありました。いつものように保健室に飛び込み，痛かったと言いながらすねの部分の擦り傷を見せました。養護教諭

は丁寧に傷口を見ながら，以前の傷の様子を見ようとＡさんの洋服の袖をまくっていると，服で隠れている上腕部に数カ所あざがみられました。あざは左右両方にみられたため，Ａさんに尋ねると，Ｂさんにいつもつねられて痛いのだといいます。自分があわてんぼうでドジが多いので，Ｂさんが注意しながらつねると笑いながら話します。最近特につねられることが増えているとのことでした。養護教諭はＡさんに今後またつねられることがあれば，すぐに保健室に来て報告するようにと伝えました。すぐに養護教諭が担任に，これまでＢさんがＡさんをつねる状況を見たことがあるか確認したところ，担任は気づいていなかったということでした。それ以後は担任が気をつけて見ておくことにし，翌日からは休み時間にも注意して観察しました。ある日の長い休み時間に，滑り台を皆で滑っていたところ，Ａさんが慌てて滑り台から走り降りました。Ｂさんはそれを見て，危ないからとＡさんの左右の上腕を力一杯つねりました。Ａさんは，痛いと言ってその場を走り去りました。担任がＢさんを呼び，こんな場合はつねるのではなく，担任のところへ来て報告するようにと伝え，「私が注意をします」と言いました。Ｂさんは不服そうでしたが，担任の言葉に最終的には納得し，今後は担任のところに報告に行くことになりました。

🏫 学校内で配慮・実践すべきこと

①虐待やいじめ，自傷行為，家庭内暴力が疑われる場合，血圧測定，脈拍測定を行いながら体の傷についてそれとなく観察する
②傷がある場合は丁寧に話を聴き，不自然な場合には担任と相談し，教室での様子に注意を払う
③時々，保健室にて血圧測定，脈拍測定を行い，世間話をする
④虐待やいじめ，自傷行為，家庭内暴力がはっきりした場合，担任，管理職と共に話し合い，早急に対策を検討する
⑤心身の危機が疑われるときは，管理職に相談し，関連機関紹介など至急

行動に移す

⑥保護者と協力できた場合は，支援を通し，本人が変化していったことを学校と家庭とで共有する

 ## どのように考えたらよいのでしょうか

　Aさんの例では，いじめにまでは至っていないようにも見えますが，つねる行為が今後いじめにまで発展する可能性がありました。その前に発見できたのも保健室での養護教諭の丁寧な観察と，養護教諭と担任の適切な連携があったからです。保健室では，血圧や脈拍を測ったり，体温を測定したりでき，痛いところや傷になっているところを自然に観察できます。傷やあざについて不自然な場合は，すぐに対応できるようシミュレーションしておくとよいでしょう。虐待やいじめ，自傷行為，家庭内暴力に関して，保健室は早期発見の場として極めて重要な場です。

 ## 他にどんなことが考えられるでしょうか

　一般的に，あざの箇所で見分けます。児童虐待では，服で隠れている箇所が多いのですが，顔などよくわかる箇所にできたときは欠席することもあります。いじめでも服で隠れている箇所で多くみられますが，同じ箇所が多く，続くと学校へ行きたがらなくなります。自傷行為では，隠すこともありますが，保健室に見せに来ることも高校年代では増えてきます。家庭内暴力ではいろいろな場所にあざがみられます。

48

しんどいといって毎朝保健室に来る

　毎朝しんどいといって保健室に来る児童・生徒は多く報告されています。心身の問題を抱えている児童・生徒もみられます。学校での対応方法はさまざまですが，あまり真剣に捉えてもらえず，やる気のない子，サボろうとしている子と考えられ，保健室への出入りを禁止されることもあります。このような対応は，家族と学校の関係悪化や，児童・生徒の不登校につながる危険性があります。慎重に状態を把握したうえでの適切な対応が必要です。

考えられる疾患や症状

①下記の②〜⑦以外の場合（生活リズムの問題など）

②睡眠障害（➡『学校で知っておきたい精神医学ハンドブック』55 〜 57 ページ）

③身体的苦痛症／身体症状症（➡『学校で知っておきたい精神医学ハンドブック』25 〜 32 ページ）

④適応反応症／適応障害（➡『学校で知っておきたい精神医学ハンドブック』66 〜 67 ページ）

⑤起立性調節障害（OD）（➡『学校で知っておきたい精神医学ハンドブック』13 〜 16 ページ）

⑥抑うつ症群（➡『学校で知っておきたい精神医学ハンドブック』138 〜 142 ページ）

⑦ゲーム症／ゲーム障害（➡『学校で知っておきたい精神医学ハンドブック』116 〜 120，122 〜 123 ページ）

症例

■Aさん（13歳　中学1年生　女子）

　Aさんは，もともとやせ気味でしたが，小学校時代は朝しんどいといいながら，欠席もせずなんとか学校に通っていました。成績も良く，クラスメイトにも親切で，担任からも信頼されていたことは小学校時代の「あゆみ」（通知表）からもわかります。

　中学校入学後，同じ小学校から来た友達はほとんどおらず，一人で登校し一人で下校していました。朝は，少しずつ遅くなり，遅刻寸前での登校が続きました。風邪で一日休んだ際，学校からの連絡もなかったため翌日は用意する必要のあるものを持って登校できず，前日休んでいたことを知らない教師からひどく叱責されました。その翌日，朝起きてからしんどくなり，学校に到着すると同時に保健室に行き，ベッドで横になりました。4時間目くらいになると，回復し，教室に戻りました。午後は元気そうでした。それ以降，毎日保健室に行くようになったため，担任からAさんに保健室には行かないようにという指導があり，翌日から学校へ行けなくなりました。

 学校内で配慮・実践すべきこと

①保健室で血圧，脈拍，体温の測定と同時に生活リズム（睡眠や食事）について丁寧に傾聴する

②保健室にて身体の状態を把握する（立ちくらみ，めまい，気持ち悪くなる，動悸息切れ，顔色，食欲不振，腹痛，頭痛，倦怠感，乗り物に酔いやすいなど）

③保健室では，経験があり可能なら起立試験を行う（医療機関では新起立試験）

④教室，部活動，習い事など事情を丁寧に聞き出し，叱責を避ける

⑤適切な支援を行う。医療機関にかかっていれば，指示に従う

⑥支援を通し，本人が変化していったことを学校と家庭とで共有する

 ## どのように考えたらよいのでしょうか

　体調が優れないので近くの総合病院の小児科に行き，検査をしたところ，体位性頻脈症候群（起立性調節障害の一つ）がわかり，治療が開始されました。学校では体位性頻脈症候群についての基本的知識がなかったようで，身体の状態を把握するアプローチは全くなされていませんでした。しんどさを訴える場合は，起立性調節障害を疑い，その身体症状を調べ，当てはまる場合は起立試験など保健室でできることを行うのがよいでしょう。また，起立性調節障害での対応方法を学び，実践することを勧めます。

　前出の「20.　倒れる」も参照してください。

 ## 他にどんなことが考えられるでしょうか

　しんどいといって毎朝保健室に来るときに，考えられる疾患や症状として生活リズムの乱れによるものなら，乱れの背景をつかみ，養護教諭，スクールカウンセラーと相談して適切な指導をします。睡眠障害，身体的苦痛症や身体症状症の場合は，どの場合も，つらさを汲み，症状がありながらも登校している頑張りをねぎらうことから始めることがよいでしょう。睡眠障害にはさまざまな種類があります。『学校で知っておきたい精神医学ハンドブック』（前著）を参考にしてください。適応反応症（適応障害）の場合は，適応しにくくなっている要因が早めに見つかると保健室に行く回数も減りますが，要因が簡単には見つからないこともあります。要因が見つからないときには，焦らず養護教諭やスクールカウンセラー，管理職が話を聴く機会を増やし，居場所づくりも本人と相談します。抑うつ症の場合は，朝の疲労感が顕著なときが多いようです。肌のみずみずしさの低下，好きなものへの意欲低下，食欲減退，イライラ感の増加などに加え，

特に睡眠がとれない状況にいることもあります。ゲーム症（ゲーム障害）については，『学校で知っておきたい精神医学ハンドブック』（前著），および後出の「55. ゲームのやりすぎで登校できない」を参照してください。つらい家庭環境にあり，話を聴いてほしいこともあります。

◆ 参考

　体位性頻脈症候群は起立性調節障害の一つで，起立中に血圧低下を伴わず，著しい心拍増加を認める。起立3分以後，心拍数が115/分以上または，心拍数が35/分以上増加する。（日本小児心身医学会編：小児起立性調節障害　診断・治療ガイドライン，小児心身医学会ガイドライン集　改訂第2版．南江堂，2015，p.32）

　本書の71ページも参照。

49

保健室に話しに来る，相談に来る

　時間を見つけては保健室を訪れてくる児童・生徒が時々います。何か理由をつけて来室する児童・生徒もいれば，なんの理由もなく訪れる児童・生徒もいます。また，保健室には全く縁がないと思われるような児童・生徒が突然保健室に話しに来ることがあります。保健室に話をしに来る児童・生徒について見ていきましょう。

考えられる疾患や症状

①下記の②〜④以外の場合

②体調が悪いとき

③不安または恐怖関連症群（➡『学校で知っておきたい精神医学ハンドブック』72〜89ページ）

④適応反応症／適応障害（➡『学校で知っておきたい精神医学ハンドブック』66〜67ページ）

 ### 症例

■Aさん （14歳　中学2年生　女子）

　新学年が始まり，養護教諭が交代しました。4月の最初から，保健室に何らかの理由をつけて一日一回は休み時間に顔を出しました。あるときは「血圧を測ってください」，あるときは「体温を測りに来ました」，またあるときは「しんどいねん」と言って人なつっこい表情で顔を見せます。よ

く聴くと，昨年は保健室には用事がないと行けなかったが今年はそんな決まりがないので，保健室を見に来て，よかったら保健委員になろうと思っているといいます。しばらくして「保健委員に立候補して，保健委員になったから，仕事をしに毎日来ることにします」と真顔で話しました。その日からも毎日「仕事はないですか」と保健室を訪れました。短時間でできるちょっとした仕事をお願いすると，うれしそうに仕事をこなします。授業が始まる前に素早く教室に戻ります。こういうことが続いたある日の放課後，泣きだしそうな顔で保健室に入ってきました。「今日は話があるのですが，時間をとれますか」とつらそうな表情で言います。「家族のことで悩んでいます。両親がけんかばかりして家にいたくありません。もうすぐ夏休みで，家にずっといると，母が私を捕まえて一日中父の悪口を言います」と話し，話を聴いていくと，ほっとしたのか涙も止まり，夏休みもなんとか頑張ります，と目元にタオルを当て，保健室から出ようとしました。ドアを閉めようとしたときに振り向き，「夏休みも保健室で仕事の手伝いをさせてもらえませんか」と，じっと養護教諭を見て，小声で言いました。養護教諭は夏休みまでに，できることを相談しようと提案し，その日は別れました。

学校内で配慮・実践すべきこと

①時間的余裕がないなかでも，余裕があれば少しの時間だけでも話をする
②事情があることが多いので，話を聴いたほうがよいと思える場合は，別に時間をつくり保健室へ来室してもらう
③しばしば来室する場合には，仕事を手伝ってもらうことも考慮する
④保健室利用の制限がある場合でも，必要があれば話をする機会を設ける
⑤学校側が保護者と話をすることが本人にとって明らかに利益がある場合は，職員間で話し合いを持ってその是非を検討する
⑥保護者に連絡するときは，本人の了解を得る
⑦保護者に連絡することに本人の了解が得られない場合，粘り強く説得す

る

⑧緊急の場合は，管理職が判断し，保護者に連絡する。その場合も，保護者に連絡することの意義を本人に丁寧に説明する

⑨可能なら，支援を通し，本人が変化していったことを学校と家庭とで共有する

 ## どのように考えたらよいのでしょうか

　保健室を訪れることには，理由があることが多いようです。何も理由がなさそうに見えても，Ａさんのように信頼関係ができてくると，本当に困っていることを話しだします。保健室を訪れることで解決する場合もあり，話を聴くことで解決する場合もあります。保健室を訪れることは，児童・生徒にとって助けになることがしばしばあります。丁寧に接し，必要があれば話を聴き，スクールカウンセラーやスクールソーシャルワーカー，コーディネーターと相談することを通して，なんらかの支援の方法が見つかることもあります。最近は，保健室利用の制限をせざるを得ない学校もあるようですが，なんとか方法を見つけて児童・生徒の話を聴き，心身ともに健全な成長の手助けをしていただくことをお願いしたいと思います。

 ## 他にどんなことが考えられるでしょうか

　保健室や相談室，職員室，放課後の教室などで児童・生徒が相談できる学校は，児童・生徒にとってはありがたい場です。そして，相談する本人にとってはその相談内容を保護者に知られたくないということもあります。保健室などで突然深刻な内容の相談を受け，それを保護者に知られたくないと言われると，困ってしまうことでしょう。

　相談内容を保護者に知られたくないときに考えられる相談には，さまざまなものが考えられます。Ａさんのように家庭内の問題の相談もありま

すし，神経発達症（発達障害）の相談，摂食症（摂食障害）の相談，自傷の相談，いじめの相談などもあります。そういう場合もしっかり話を聴きます。保護者に言ったほうがよいと具体的に丁寧に説明をすることは大切ですが，助言したことにより二度と保健室に来なくなることもあります。養護教諭や担任，管理職から保護者に理解してもらおうと話すためには相当の覚悟と工夫が必要です。この場合，事前に職員で話し合い，綿密な作戦を練って保護者との話し合いに臨みます。児童・生徒と良好な関係ができるまでは動きづらいこともあるでしょうが，粘り強い働きかけは続けてほしいものです。良好な関係ができれば，学校内で協力体制をつくり，児童・生徒のために，保護者との話し合いを設定し，学校が全面的にバックアップすることで，良い方向に進むことも多く経験しました。

50

保健室に自傷の痕を見せに来る，
自傷の相談に来る

　自傷行為を学校で行う児童・生徒もいますが，たいてい自宅で行い，他の人に見せないようにします。ただ，保健室で養護教諭に見せたり，担任や部活顧問にも見えるように行動したり，他の児童・生徒に自慢したりする場合もあります。保健室に自傷の痕を見せに来る児童・生徒の例について見ていきましょう。

📋 考えられる疾患や症状ほか

①下記の②〜⑤以外の場合

②自傷行為（➡『学校で知っておきたい精神医学ハンドブック』223 〜 229 ページ）

③児童虐待（➡『学校で知っておきたい精神医学ハンドブック』230 〜 232 ページ）

④パーソナリティ症／パーソナリティ障害群（➡『学校で知っておきたい精神医学ハンドブック』132 〜 137 ページ）

⑤ストレス関連症候群（➡『学校で知っておきたい精神医学ハンドブック』58 〜 71 ページ）

😀 症例

■ A さん（17 歳　高校 2 年生　女子）

　A さんは毎日のように保健室に来ては，表情を変えず腕の傷痕を見せます。時には笑いながら袖をまくります。養護教諭は淡々と傷痕の処置をし，教室に帰します。保護者が知っているのかと尋ねると，知らないとい

います。養護教諭はどうしたらいいものかと考えながらも，なかなか理由を聞いたり，やめるように言ったりすることはできませんでした。しかしながら，このままではいけないと思い，スクールカウンセラーや他の教師らと相談しました。勉強のことや友人関係のことを少しずつ聞いたらよいのではとのアドバイスを受け，少しずつ毎日の生活での出来事や感じていることを聞き，話し合うようになりました。

🏫 学校内で配慮・実践すべきこと

①保健室では淡々と傷の処置をする。慌てたり，焦ったりしない

②保護者が知っているかを尋ねる

③自傷のきっかけや自傷になってしまうときの状況を丁寧に聴く

④日常生活での出来事について世間話的に話し，対人関係をつくっていく

⑤スクールカウンセラーや他の教員らと相談し，対策を練る

⑥自傷の代わりになる対処法や対策を一緒に考える

⑦時折，自傷行為の痕の観察をさりげなく行う（治癒の経過を見ていくと，本人が自傷から離れていき安定していっていること，また一方で他のストレス処理方法を見つけた可能性なども見えてくるので，慎重に観察を続ける）

⑧自傷が重症化した場合は，管理職や生徒指導担当，スクールカウンセラーを交え，早急に校内で相談し，家庭の事情を踏まえて対策を練る

⑨保護者との連絡は，慎重に行う。保護者と協力して対応することが望ましい

⑩基本的対策は『学校で知っておきたい精神医学ハンドブック』（前著）を参考にする

⑪可能なら，支援を通し，本人が変化していったことを学校と家庭とで共有する

どのように考えたらよいのでしょうか

　自傷の痕を見せに来ることには，いろいろな意味がありそうです。自分のつらさをわかってほしいことが多いようですが，援助を求める行動であったり，挑発的であったり，自己演劇的なときもあります。どのような場合であっても，本人の話すことをよく聴き，禁止や叱責，説教をするのではなく，本人のつらさに共感しながら，別の対処法や対策を一緒に考えていくことを通して，慌てず粘り強く接していくことが大切です。

他にどんなことが考えられるでしょうか

　自傷の背景には，児童虐待，パーソナリティ症（パーソナリティ障害），心的外傷後ストレス症（心的外傷後ストレス障害：PTSD）などのストレス関連症候群が隠れている場合があります。そういう場合，保護者との連絡を慎重に行わないと児童虐待がエスカレートしたり，PTSDが悪化したりと，危険な状態に陥ることがあります。一人で児童・生徒を抱え込まず，スクールカウンセラーや専門家と相談しましょう。

51 ─────────────────────
授業の開始とともに固まる（動けなくなる／顔色が真っ青になる／意識を失う）

　保健室でしばらく休息をとった後，授業が始まるので（チャイムが鳴ったので）教室に戻ろうとして，動けなくなったり，顔が真っ青になったり，意識を失ったりする児童・生徒がいます。そのような例は多くはみられないかもしれませんが，どう対応してよいかわからず戸惑うこともあるでしょう。血圧が上がったり，心拍数が上昇したり，発熱したりする児童・生徒も見受けられます。授業開始とともに固まってしまい，動けなくなる例を挙げ，考えてみましょう。

考えられる疾患や症状

①下記の②〜⑦以外の場合

②てんかん（➡『学校で知っておきたい精神医学ハンドブック』200 〜 204 ページ）

③過換気症候群（過呼吸症候群）（➡『学校で知っておきたい精神医学ハンドブック』17 〜 19 ページ）

④変換症／転換性障害（機能性神経症状症）（➡『学校で知っておきたい精神医学ハンドブック』27 〜 28 ページ）

⑤ストレス関連症候群（➡『学校で知っておきたい精神医学ハンドブック』58 〜 71 ページ）

⑥不安または恐怖関連症群（➡『学校で知っておきたい精神医学ハンドブック』72 〜 89 ページ）

⑦低栄養

症例

■Aさん（17歳　高校2年生　女子）

　Aさんは，高校入学後，勉強面で苦労していました。音楽部に入部しましたが，体力面で皆についていくのもつらそうでした。なんとか高校1年はやり過ごし，2年になり，勉強がさらに難しくなり，音楽部でも責任のある立場に立たされました。あるとき，苦手な数学の時間，授業中に当てられ，顔色が真っ青になり，保健室へ運ばれました。保健室で休息をとり，落ち着いてきたところで授業のチャイムが鳴り，教室に戻ろうとしたところ，固まり，身体が動かなくなりました。養護教諭は担任と相談し，今日は無理をしないほうがよいと自宅へ電話をし，母親に迎えに来てもらいました。翌日から，登校し，しばらくは症状も出現しませんでしたが，期末テストの前に教室で再び顔色が真っ青になり，倒れ込みました。すぐに保健室に運ばれ，ゆっくり休ませました。顔色も戻り，教室に戻ろうとすると意識を失い，倒れ込みました。養護教諭と担任は心配し，保護者を呼び，病院受診を勧めました。

 学校内で配慮・実践すべきこと

①けがのないように保健室で休ませる

②保健室で血圧，脈拍，血中酸素飽和度，体温を測定する

③体育などでは無理をしないように声かけをする

④保護者と連絡をとり，これまでにも同様の症状があったかどうか尋ねる

⑤受診を勧める

⑥受診後，診断がついた場合は校内の救急体制を検討し，共通理解をする（その際，学級内で生じた場合などに，他の児童・生徒がどう対応するのかなど，本人や保護者の意向を汲みながら具体的に検討し，共有しておく）

⑦支援を通し，本人が変化していったことを学校と家庭とで共有する

どのように考えたらよいのでしょうか

　顔色が急に悪くなったり，身体が動かなくなったり，意識を失ったりした場合には，血圧，脈拍，血中酸素飽和度，体温を測定し，全身状態を観察し，身体面での問題の確認をまず行います。保健室での観察では問題なくとも，続けば心理面や精神的な問題を疑いますが，身体面の問題から生じることもあります。症例で示した今回の症状では，てんかんや，血圧や脈拍の変動，過換気症候群（過呼吸症候群）など身体の問題をまず疑います。そのため，早めに病院での診察を受けてもらうほうがよいでしょう。精神面での問題があった場合も，身体面での問題が背景にあることもあります。身体面，精神面のどちらにしても，丁寧な対応や心配りで本人のつらさを理解し，寄り添うことで安心感を与え，症状の改善につながることがあります。精神的なものだからといって，「わざとしている」「目立とうとしている」などと決めつけることは二次的なトラウマになる可能性も秘めています。

 ## 他にどんなことが考えられるでしょうか

　低栄養が続く場合も，顔色が悪く，保健室の前で最後の踏ん張りがきかなくなり，動けなくなることもあります。その場合は，保護者も含め，医療機関への受診を説得します。緊張や不安が強く，固まってしまうこともみられます。その場合は，原因が見つかり，対応策が適切であれば，固まることはなくなります。

頭が痛くなる

　学校で児童・生徒が「頭が痛い」と訴えることはしばしば経験することでしょう。小学校から高校を卒業するまで，学校で頭痛を一度も訴えない児童・生徒はいないかもしれません。さまざまな頭痛が考えられますので，詳しい説明も最後に参考として挙げたいと思います。

📋 考えられる疾患や症状ほか

①下記の②〜⑧以外の場合

②緊張型頭痛

③片頭痛

④感染症（ウイルス性疾患，副鼻腔炎など）

⑤頭部に関連する疾患（外傷，硬膜外血腫，脳腫瘍など）

⑥慢性連日性頭痛

⑦不登校・不規則登校を伴う頭痛（➡『学校で知っておきたい精神医学ハンドブック』206 〜 210 ページ）……不安症，抑うつ，社交不安症，全般不安症，限局性恐怖症，気分症（気分障害），心的外傷後ストレス症（心的外傷後ストレス障害：PTSD）などを含む

⑧身体的苦痛症／身体症状症（➡『学校で知っておきたい精神医学ハンドブック』25 〜 26 ページ）

症例

■Aさん（17歳　高校2年生　女子）

　Aさんは2学期の中間テストの際，試験中に急にズキズキとした頭痛が生じたので，試験終了後，保健室で休みましたが，嘔吐もみられました。休息をとった後，改善し，帰宅しました。その後も試験中に同様の頭痛がみられ，保健室で休むことで回復しました。担任は試験のたびに生じては保健室で回復するので，試験がストレスになっているのではと考え，ストレスに負けないようにしようと励ましました。あるとき保健室で，頭痛の前にキラキラとした光が見えるという訴えがありました。養護教諭は以前研修会で聞いた内容を思い出し，前兆を伴う片頭痛を疑い，保護者に連絡をし，近医の頭痛外来を受診するように提案しました。

 学校内で配慮・実践すべきこと

①丁寧に本人の話を聴き，症状を適切に把握する
②丁寧に本人の話を聴き，症状を適切に把握するために，養護教諭の力を借りる
③まずはストレス性と即断せず，身体疾患が隠れているのではないかと考える
④学校医に相談してアドバイスをもらう，または学校医に診察をお願いする
⑤必要なら適切な医療機関を紹介する
⑥学校で休息をとれる場所を，可能なら提供する
⑦支援を通し，本人が変化していったことを学校と家庭とで共有する

 どのように考えたらよいのでしょうか

　頭痛にはさまざまな原因があります。長期に続くこともあり，脳腫瘍，

感染症，頭部外傷などの身体疾患が背景に隠れていることもあります。そのため，試験のたびに生じる，体育のたびに生じる，といった場合もストレス性と即断せず，丁寧に症状を聞き取り，適切な判断をするようにしましょう。養護教諭や学校医の力を借りることを，ためらわないでください。

片頭痛では，持続時間が4〜72時間で片側性，拍動性，歩行や階段昇降により頭痛が増悪することが特徴的です。悪心_{おしん}，嘔吐，光過敏，音過敏がみられることがあります。

緊張型頭痛とは，肩から頸部，後頭部にかけた緊張から生じやすい両側性で圧迫感または締めつけ感が生じます。数十分から数日間持続します。痛みは歩行や階段昇降など日常的な動作により増悪せず悪心は伴いませんが，光過敏や音過敏は呈します。児童・生徒では一番多い頭痛です。

慢性連日性頭痛は，1日4時間以上の頭痛が月に15日以上続くと定義されます。学校関連の生活支障度が高く，慢性片頭痛，慢性緊張型頭痛，緊張型頭痛の特徴を持つ慢性片頭痛が多いといわれています。身体疾患が隠れていることもありますが，ストレス性によるものも報告されています。女子のほうが男子よりも多いといわれています。認知行動療法などの精神療法を併用することが勧められています。

🔲 他にどんなことが考えられるでしょうか

器質性の頭痛は忘れてはいけません。例えば頭部を打ち，そのときは大きな問題もなく登校していても，1カ月くらい経過後に吐き気を伴う頭痛が生じ，続くといった場合は，硬膜外血腫を疑います。

◆参考
「頭痛の診療ガイドライン」作成委員会：Ⅶ小児・思春期の頭痛，頭痛の診療ガイドライン2021：357-389.

53

表情が乏しい／笑わない

　表情が乏しい児童・生徒を見ることがあります。家庭でも学校でも表情が乏しく，クラスの皆が笑っていても，教師の冗談に反応せず笑わないこともあります。また，家庭では表情豊かで笑うことも多いのに，学校では表情乏しく笑わないといった児童・生徒もいます。授業中は表情が乏しく，全く笑わないのに休み時間には笑顔がみられる児童・生徒もいます。表情が乏しい，笑わないことも千差万別です。日頃の児童・生徒の表情を意識して見ていると変化に気づくことがあります。この気づきが児童・生徒の信頼感を獲得することや，つらさをつかめること，事故を防ぐことなどにつながります。

📋 考えられる疾患や症状ほか

①下記の②～⑨以外の場合

②ストレス関連症候群（➡『学校で知っておきたい精神医学ハンドブック』58～71ページ）

③不安または恐怖関連症群（➡『学校で知っておきたい精神医学ハンドブック』72～89ページ）

④強迫症と関連症群（➡『学校で知っておきたい精神医学ハンドブック』90～96ページ）

⑤食行動症または摂食症群（摂食障害）（➡『学校で知っておきたい精神医学ハンドブック』97～115ページ）

⑥気分症／気分障害群（➡『学校で知っておきたい精神医学ハンドブック』138～

147 ページ）

⑦統合失調症群（➡『学校で知っておきたい精神医学ハンドブック』148〜152 ペー
　ジ）

⑧神経発達症（発達障害）（➡『学校で知っておきたい精神医学ハンドブック』153
　〜179 ページ）

⑨いじめ（➡『学校で知っておきたい精神医学ハンドブック』214〜219 ページ）

 ## 症例

■Aさん（16 歳　高校 1 年生　男子）

　Aさんは進学校に入学し，勉強に張り切って取り組んでいました。1 学
期の成績もまずまずで，部活にも参加し，緊張気味なところはあるものの
教師の冗談にもはにかみながら反応し，休み時間には友達とも交流し，笑
顔もみられました。2 学期になって，文化祭に向けての準備に中間テスト
も重なってかなり忙しくなり，夜遅くまで勉強していました。3 日間徹夜
をして中間テストを乗り切りました。中間テストが終わった後も，文化祭
に向け睡眠時間を減らして頑張っていました。中間テストも好成績で，文
化祭も好評のうちに終わりました。その後，表情が乏しくなり，笑顔がほ
とんどみられなくなりました。以前なら教師の冗談にも反応していました
が，表情が全く変わらなくなりました。担任が心配して，本人を呼び，大
丈夫かと尋ねると，大丈夫と緊張気味に応じました。教室での様子を見て
いると，びくびくしたり，辺りをうかがうような仕草もみられ，壁の方を
見てなにやら言葉にしているように見えました。担任は養護教諭と相談
し，自宅での様子を保護者に尋ねました。夜もあまり眠らず，食事量も減
ってきて，リビングにいることも少なくなったといいます。独り言を言っ
ているようで，突然怖がることもあります，とのことでした。養護教諭は
心配し，学校医と相談しました。学校医は本人と保護者の話を聴き，精神
科受診を勧めました。学校医からの紹介状を持って，保護者はAさんに
精神科を受診させました。薬物療法が開始になり，徐々に改善し，以前ほ

どではありませんが笑顔もみられ，教師の冗談にも反応するようになりました。

 ## 学校内で配慮・実践すべきこと

①教室内，運動場，体育館での表情や行動を観察する
②授業中の態度と，部活動での態度の変化があるかを確認する
③家庭での様子に関する情報も得る
④養護教諭やスクールカウンセラーと相談し，対策を練る
⑤本人から優しく丁寧に話を聴く（怖がらせないようにする）
⑥必要なら学校医に紹介し，学校医から精神科を紹介してもらう
⑦受診中の学校での支援のあり方を精神科医に尋ねる
⑧支援を通し，本人が変化していったことを学校と家庭とで共有する

 ## どのように考えたらよいのでしょうか

　表情が乏しい，笑わない児童・生徒については，さまざまな状況が考えられます。重要な点は，いつごろからどんなときに表情が乏しく笑わなくなり，教師の冗談にも反応しなくなったのかに気づくことです。気づかない場合は対応が遅れ，症状が遷延化し，登校できなくなります。表情の変化への気づきは，学校生活のなかで極めて重要なことの一つです。

 ## 他にどんなことが考えられるでしょうか

　神経発達症（発達障害）の児童・生徒の中には表情の乏しい子もみられますし，ストレス負荷が大きく，ストレス関連症候群になった場合も表情が乏しくなり笑顔がみられなくなります。摂食症（摂食障害）で食事量が減り，体重が著しく低下すると，表情がなくなります。気分症（気分障害）のうつ状態や，統合失調症でも，表情が乏しく笑顔がなくなることも

多いようです。不安症や強迫症，いじめでも起こりえます。丁寧に児童・生徒の様子を観察し，情報を持ち寄り，いつごろから生じたのか，どんなときに生じるのかなどを吟味し，話し合った内容を共有します。そして，再び丁寧に見守り，見守りのなかで得た知見を持ち寄り，総合的に判断して医療機関を紹介するほうがよいかどうかを決定します。

54

死にたいと訴える

　長い学校生活で，一度は死にたいと思ったり，死んだらどうなるのだろうか，死ぬのが怖い，お母さんが死んでしまったらどうしようと不安に思ったり，戦争が始まったら死んでしまうかもしれない，など死に関する話題は避けられません。ただ，「死にたい」と突然言われたり，自殺をほのめかされたりすると，びっくりして内心穏やかではいられなくなります。死にたいと訴えられたときの例について見ていきましょう。

📋 考えられる疾患や症状

①下記の②〜⑧以外の場合

②自傷行為，自殺企図（➡『学校で知っておきたい精神医学ハンドブック』223 〜 229 ページ）

③気分症／気分障害群（➡『学校で知っておきたい精神医学ハンドブック』138 〜 147 ページ）

④ストレス関連症候群（➡『学校で知っておきたい精神医学ハンドブック』58 〜 71 ページ）

⑤強迫症（➡『学校で知っておきたい精神医学ハンドブック』90 〜 96 ページ）

⑥食行動症または摂食症群（摂食障害）（➡『学校で知っておきたい精神医学ハンドブック』97 〜 115 ページ）

⑦ゲーム症／ゲーム障害（➡『学校で知っておきたい精神医学ハンドブック』116 〜 120, 122 〜 123 ページ）

⑧統合失調症群（➡『学校で知っておきたい精神医学ハンドブック』148 〜 152 ペー

症例

■Aさん（15歳　中学2年生　女子）

　ある日，担任はクラスの女子生徒から「Aさんが死にたいとSNSに書いていた」という話を聞きました。Aさんは体調不良を理由に休みがちで，休んだ際に担任が家庭訪問すると，「大丈夫です。明日は行きます」と答えていました。そのことを担任から聞いていた養護教諭が，Aさんが体調不良で保健室に来室した際に丁寧に様子を聞くと，「いろいろなことに疲れたが，学校を休むと親に叱られる，もう死んでもいいかなと思う」と話しました。養護教諭は「死なないでほしい，心配している」と伝え，次に会う日を約束しました。担任，養護教諭，関係職員が集まり，対応を検討しました。

■Bさん（17歳　高校2年生　女子）

　期末テストの最終日，養護教諭はBさんに「少しお話があります。時間をとっていただけますか？」と言われ，昼食前に時間をとることにしました。Bさんは養護教諭に打ち明け話をしました。「小学校からずっと頑張ってきました。憧れの高校に入ったのですが，みんなはよくできるし，私は睡眠時間を減らして勉強しているのに成績は下から数えたほうが早いくらいです。担任からは，『この調子では志望校は難しい』と言われ，父からは『国立大学を目指せ』，母からは『経済的に私立は無理だ』と言われます。もう頑張るのに疲れました。何もやる気が起こらず，今夏の期末は勉強できず，テストは全くできませんでした。昨日夜中，勉強ははかどらず，死にたくなって，マンションのベランダから下を見て，飛び降りようと思ったのですが，両親の顔を思い出し，飛び降りることができませんでした。もう生きているのが嫌になって，死にたいんです。今から帰って死にます」とBさんに言われた養護教諭は内心びくっとし，どうしよう

かとドキドキしました。勇気を振り絞って，Bさんの手を握り，「よく言ってくれたね。言ってくれてありがとうね」と言い，Bさんの目を見ました。Bさんは，蒼白な顔で涙をポロリとこぼし，それからたまっていたものを吐き出すように涙があふれ出ました。養護教諭は「死んでしまいたいほど，つらいんだね」と心の中でつぶやきました。養護教諭にとって，この時間はすごく長く感じましたが，手を握りしめたままでいました。養護教諭の目にも涙がたまりました。どのくらい時間が経ったでしょうか。Bさんは，養護教諭の顔をじっと見て「また来ていいですか」と話し，養護教諭は「待ってるよ」と言って，顔を見合わせました。二人とも，涙で顔がぐしゃぐしゃでした。しかしながら，Bさんは部屋を出るときにはしっかりした表情に戻り，「また来ます」と言い，出ていきました。その日のうちに，養護教諭は，スクールカウンセラーと管理職，担任，コーディネーターなどと連絡をとり，今後の対策を練りました。

学校内で配慮・実践すべきこと

①「死んではいけない」，「自殺はいけない」，「他の人の身になってみろ」，「世界にはもっと苦しんでいる人がいる」といった叱責や批判，強引な説得は避ける
②校内でチームをつくり，現状に関して情報を共有し，単独で動かず，適切な方針を決定する
③本人と話をする担当を決めるが，皆で見守る体制をつくる
④定期的なミーティングをし，新たな情報を共有し，適切な方針を再確認する
⑤本人への「自殺はよくないことだ」，「死なないでください」などの言葉は避け，本人のつらさ（死にたいくらいつらい気持ち）を汲む
⑥保護者への伝え方を検討し，本人と話し合って保護者にどう伝えるかを決める
⑦本人が保護者に伝えることを拒否した場合は，その理由を聞き，保護者

に伝えることのできる条件を話し合う

⑧医療機関の受診など，危機的状況の判断基準を話し合って決定する

⑨一人で抱え込まず，「誰にも言わないで」という求めに対しては，「大事
　なあなたの命を守るために信頼できる人と相談し，良い方向を見つけて
　いこう」と話す

⑩家庭との協力体制を粘り強くつくっていく

⑪可能な限り，支援を通し，本人が変化していったことを学校と家庭とで
　共有する

どのように考えたらよいのでしょうか

　「死にたい」と訴え，相談に来てくれるということは，どこかに助けて
ほしいという気持ちがあることが圧倒的に多いようです。心の中で死にた
いと思っていて，口に出さない場合のほうが心配ですし，突然自殺企図が
あって「なぜこの子が」と皆が感じることもあります。「死にたい」との
訴えは，本人の危機的状況を把握し，支援する絶好の機会でもあります。
「死にたい」と打ち明けられる良好な関係性があるからこそ，支援できる
のです。訴えられたときには動揺して言葉も出ないでしょうが，「言って
くれてありがとう」と言えるくらいに日頃から心づもりする必要がありま
す。その児童・生徒の立場に立って，本人のつらさがわかれば可能だと思
います。Aさんの例の養護教諭の「死なないでほしい」（希望）という言
葉は，少し踏み込みすぎかもしれません。大切なこととしては，訴えを軽
視せず，言ってくれたことに感謝すること，そして，そのつらい気持ちを
汲み，思いやり，支援する気持ちが伝わるようにすることです。10代に
おける自傷行為が10年以内に自殺既遂に至るリスクを数百倍高めるとい
う報告もあります。自傷行為に対する対策も現代の学校では必須です。コ
ロナ禍では，小学生・中学生・高校生の自殺は増えており，2020年には，
これまでの最多を記録しています。学校現場ではコロナ禍の厳しい状況を
意識して児童・生徒への対応を考えたいものです。

他にどんなことが考えられるでしょうか

　気分症（気分障害）では，うつ状態のとき，および，うつ状態から少し回復傾向にあるときに自殺企図が生じやすいようです。うつ状態の症状がみられた場合（➡『学校で知っておきたい精神医学ハンドブック』141ページ）には，頑張れという言葉は禁忌です。頑張ろうとしても頑張れない状態なので，頑張れと言われるとどうしようもなくなり，死を選ぶしかなくなります。統合失調症では，幻覚妄想に囚われ，あるいは幻覚妄想から逃れるために自殺する場合があります。ストレス関連症候群では，心的外傷後ストレス症（心的外傷後ストレス障害：PTSD）などで侵入症状，気分の変化などに悩まされているときに生じやすいようです。強迫症では，自分の意思に反して何回も同じ考えが浮かんだり，止めようとしても止められず繰り返し行動してしまう苦しさから逃れるために，自殺に及ぶこともあります。食行動異常の場合，食べることの苦しさが覆い被さりそこから抜けることができず自殺を選択することもあります。ゲーム依存（ゲーム症〔ゲーム障害〕）の場合，地獄のような状態から逃れるために自殺してしまうこともあります。これらの疾患や状態に関して理解をしていれば，対策を考慮することは十分可能であり，防ぐこともできます。

55

ゲームのやりすぎで登校できない

　最近は，ゲームをしない児童・生徒のほうが少なく，ゲームを「しない」のではなく，「いかに上手にゲームと付き合うか」が課題になっています。学校としても，（コロナ禍で）オンライン授業のためタブレットを渡しています。そのなかでゲーム的な要素も含まれており，利用方法の指導を学校がせざるを得なくなっています。ゲームのやりすぎの問題について見ていきましょう。

考えられる疾患や症状

①下記の②〜⑥以外の場合

②ゲーム症／ゲーム障害（➡『学校で知っておきたい精神医学ハンドブック』116〜120，122〜123ページ）

③神経発達症（発達障害）（➡『学校で知っておきたい精神医学ハンドブック』153〜179ページ）

④抑うつ症群（➡『学校で知っておきたい精神医学ハンドブック』138〜142ページ）

⑤強迫症（➡『学校で知っておきたい精神医学ハンドブック』90〜96ページ）

⑥不安症（➡『学校で知っておきたい精神医学ハンドブック』72〜89ページ）

症例

■Aさん（14歳　中学2年生　男子）

　Aさんは遅刻や欠席が増え，頭痛を訴えて時々保健室で休養するように

なりました。休養時はぐっすり眠り，起こすとイライラした表情をみせました。早退時に担任から保護者に連絡すると，母親から「夏休み中，朝方までゲームをやり，昼夜逆転になっていた。注意すると激しく反抗し，オンラインゲームでは攻撃的な言葉を叫び，怖い」など，対応に困っているとの相談を受けました。担任から本人に様子を聞くと，「ゲームをすると集中し，お腹もすかずにやり続けている。ランキングもついていてやめられない」と話しました。

 ## 学校内で配慮・実践すべきこと

①ゲームに依存することで，食事もとらず睡眠もとらないことがあるため，身体症状に関して保健室で経過を追跡する
②身体症状があれば，身体症状の危険性について話をし，対策を話し合う
③ゲームの話題を共有できるよう少しは知識をつけておく
④ゲームの楽しさや中止することの苦しさを理解し，話をよく聴く
⑤ゲーム依存の背景にある問題（生きづらさや孤立感などの苦痛）を把握し，共感する
⑥イライラ対策を話し合い，自分一人では対応できない場合，心身の治療を受けることを勧める
⑦授業の一環として，依存の危険性を説明し，ほどよいゲームの利用の仕方を話し合う
⑧支援を通し，本人が変化していったことを学校と家庭とで共有する

 ## どのように考えたらよいのでしょうか

　ゲームに依存する場合，背景に，本人のゲームへの親和性が強い特性や，生きづらさがみられることがあります。その背景となるものを見つけるための話し合いや見守りが必要です。保護者から話を聴く必要もあります。背景が見つかれば対策を練ることができます。背景が見つからない場

合も，身体やこころに対する危険性を伝え，ゲームのメリットも考慮し，どのようにしたら利用時間を減らせるかを考えます。校内では，部活動など他にいろいろ利用できるものがありますので，何かできるものを探します。ゲームが2番手になれば，依存的な状態からはまずは脱却可能です。オンラインゲームではネット上の関係性（仲間や順位づけ）などから，苦痛でも義務感で参加しなければならない場合もあり，ゲームから離れることで解決することに関しては適切なアドバイスが必要になります。最近は，ゲーム症（ゲーム障害）に対する支援機関が少しずつ出来ていますので，相談するのを勧めることも考慮に入れてください。その場合も，ただ受診や相談を勧めるのではなく，本人の困った思いに寄り添い，具体的な相談内容を事前に話し合うことを忘れないようにしましょう。

他にどんなことが考えられるでしょうか

　神経発達症（発達障害）の場合，こだわりや衝動性の問題で，ゲームがやめられないときにイライラ対策としてストレス処理方法や薬物療法が有効である場合があります。抑うつ症群ではゲームをすることで抑うつを改善することがあり，抑うつを改善する他の方法を見つけるとよい場合があります。強迫症では，止めることができなくなりますが，強迫症の治療を行うことで改善することがあります。不安症では，不安改善のために利用することがあり，他の不安対策を練ることで改善します。なによりも睡眠時間確保と栄養状態悪化を防ぐことを保健室では話題にしてほしいものです。

◘ **参考**

　ネット上のいじめ……ゲームのやりすぎで登校できないと最初は思われていたが，実はネット上のいじめがあって登校できなくなった例もあり，ゲームのやりすぎには常にネット上でのトラブルが存在することを頭の片隅に置いておいてほしい。

第2章

コロナ禍にまつわる問題への対応例

2020年2月に兵庫県で第1回ひょうごこどものこころ研究会が開催され，かなりの人が集まり，毎年2回開催を熱望する盛り上がりがみられました。その後，世界中に広がった新型コロナウイルス感染症のため，この会を最後にして，その年のあらゆる研究会や学術集会は中止になりました。徐々に，会合はネットを介したものになりましたが，同じ志を持った連中との交流が途切れ，子どもを支援するための活力も失せていくように感じました。それではいけないと，私は二つの大学で児童・思春期の講義を担当し，『学校で知っておきたい精神医学ハンドブック』（前著）を執筆し，児童・生徒の心身について再考しました。講義は，すべてオンデマンドとなり，ZOOMを通しての質問コーナーが唯一学生とふれあう場になりました。小・中・高等学校でも，オンライン授業が導入され，子どもたち同士の接触，教職員と児童・生徒との交流も大幅に減少しました。このことで，学校は知識を学ぶためだけに存在しているのではなく，仲間づくりや対人関係を体験する場だということがあらためて実感できました。

　診察室では，新型コロナウイルス感染を恐れ，予約のキャンセル，延期が相次ぎました。感染が心配で学校に行かせないという保護者も現れました。しかしながら，初診の希望は増え，新たな生きづらさがうかがえる事態となってきました。

　特に，学校では，新型コロナウイルス感染の影響による出来事は頻発しており，現場での対応も後手に回りがちになりました。診察室で受診される児童・生徒や保護者の皆さんをみていますと，学校現場の混乱が伝わってきます。

　ストレス関連症候群，抑うつを伴う不安症，社交不安症，会食恐怖症（7ページ参照），分離不安症，強迫症，摂食症（摂食障害），小学生の校内での暴力行為などの相談が増え，現場での余裕がなくなったせいか，神経発達症（発達障害）の特性への支援の遅れも目立つようになりました。

　第2章では，コロナ禍での保健室からの児童・生徒の支援について，症例を挙げて説明します。なお，第1章にも1，5，9，22，39の項目などに症例を紹介しています。

小学校入学が遅れ，母親と一緒でないと
給食を食べられなくなった例

 症例

■7歳　小学1年生　女子

　新型コロナウイルス感染拡大のため小学校への入学が遅れ，入学式もなく，幼稚園卒園後，一日中外に出ることもなく，自宅での生活が続きました。

　学校が始まった後，登校するのを不安がり，登校しても不安が強く，食べたら気持ち悪くなると訴え，給食が食べられませんでした。自宅では食べられていましたが，食事量が減り，徐々に体重が減っていきました。

　そこで保護者と相談し，一緒に登校してもらい，給食も母親と一緒に別室で食べるようにすると，不安が軽減していきました。養護教諭や担任，スクールカウンセラーも加わるようになりました。徐々に母親の代わりに養護教諭，スクールカウンセラー，他の教師とも食べられるようになりました。その後は教室まで母親が送っていましたが，ひと月経過後には，学校まで母親が送るだけで，教室にもいることができるようになりました。

ポイント

- 新型コロナウイルスの感染拡大に伴い，入学が遅れ，小学校に入る心構えができないまま入学となりました。入学後，学校に慣れるためかなり急がされ，不安が増大しました。その結果，一人で登校できず給食も母親とでないと食べられなかった例です。

197

- 養護教諭ら学校の協力もあり，徐々に学校での生活に安心感を得て，母親がいなくても学校にいられて給食も食べられるようになりました。早期に気づき，対策をとったため，長引かずに済みました。

 学校でできること

- 児童・生徒の不安，緊張，恐怖に気づく
- 本人のつらさを丁寧に聴き，つらさを汲み，共感する
- 不安を軽減し，安心感を与える対応をまず行う
- 叱責は避ける
- トラウマにならないよう心がける
- 校内体制を整え，保護者と相談して，登校しやすい環境づくり，食べやすい環境づくりを行う
- 支援を通し，本人が変化していったことを学校と家庭とで共有する

小学校入学が遅れ，基本的な生活が
出来なくなった例

 症例

■ 7 歳　小学 1 年生　男子　※注意欠如多動症（ADHD）と診断された例

　コロナ禍のため小学校への入学が延びて，入学の準備もせず，小学 1
年生という心構えもできておらず，ランドセルもその辺に放り出していま
した。幼稚園時代と同じく，楽しく自宅で自由気ままに生活していまし
た。

　小学校入学後も，朝の準備はすべて母親任せで，登校しても，机に教科
書などを積み上げ，担任からいつも注意されていました。授業中もうろう
ろしていました。教師の話にも途中で発言し，聴いてもらえないと教室外
に出て，校長室や，職員室，保健室と探索して回りました。

　そこで，養護教諭や担任から医療機関（専門機関）で診てもらったほう
がよいと勧められ，両親もその必要性を感じ，相談に訪れました。幼少時
期から，多動，衝動性，不注意がみられ，迷子になる，順番を抜かす，な
くし物が多い，飽きっぽい，といったところがあるとのことでした。発達
障害の要支援評価尺度（MSPA）（➡『学校で知っておきたい精神医学ハンドブッ
ク』175 ページ）において，ADHD の特徴的パターンが認められました。
ADHD-RS-Ⅳ（ADHDのスクリーニングテスト）（➡『学校で知っておきたい精神
医学ハンドブック』177 ページ）では，不注意，多動混合型のパターンが得ら
れました。

　本人と保護者の了解を得て，担任，養護教諭，学年主任と話し合い，必
要な支援を考慮しました。一番前に座り，授業中は集中が途切れないよう

にしばしば声かけをしました。提出物に関しても確認しました。家庭では，片づけの練習を開始しました。最初は母親が手伝い，次に横で見ておき，最後には終わったら母親が確認するというふうに，段階を踏んで練習をしました。また授業中身体が勝手に動き，集中できないとのことで，ADHD薬の処方も始まりました。

　1学期の終わりには，学校での落ち着きも増し，夏休みの宿題も早めに済ますことができました。注意されることが減り，褒められることが増えました。

　その後，再び緊急事態宣言が発出され，登校が制限され，新型コロナウイルス感染症に罹った児童も出て学級閉鎖となり，そのたびごとに服薬の中断もあり，自宅での生活リズムが乱れ，規律もなく落ち着きなく生活を送るようになりました。学校復帰後，多動衝動性が目立ち，注意散漫で教室外にもしばしば出るようになりました。再度，校内で話し合いが持たれ，必要な支援を再考しました。その結果，適切な声かけや座席の配慮に加え，教室内に刺激となるものを置かないようにし，本人の興味のあるキャラクターを授業中に利用するなど，注意を集中できるような工夫をさらに加えました。薬物療法の工夫もなされ，徐々に落ち着きを取り戻し，授業でも手を挙げ，担任の発言の許可を得るまで待つことができるようになりました。

 ## ポイント

　コロナ禍が続くなか，環境の変化の影響を強く受けたため，なかなか症状が改善しなかった例です。しかしながら，学校側の丁寧な対応や工夫，環境調整，認知行動療法的アプローチ，薬物療法によって，症状改善がみられました。薬物療法については今後は機会をとらえて薬の減量をしていくことが重要な課題となります。

学校でできること

- 気が散らないように教員の近くに座る
- 単純明快に，具体的な短い教示をする。飽きさせない工夫をする
- 宿題は少なくし，達成感の成就を主眼に置く
- できたら褒める。肯定的な言葉かけをする
- しつこい叱責は避ける。1つだけを注意する
- 多動性を抑えず動ける保証をする（具体例：授業中に小休止する。多少の態度のだらしなさは容認する。用事をつくって教室から出る。移動教室使用時は，グループで移動するか，何らかの用事をつくり，戻ってきたら褒める。どういうときに離れるか記録しておく）
- 片づけは具体的に指示する
- 支援を通し，本人が変化していったことを学校と家庭とで共有する

◖参考 ─────────

　注意欠如多動症（ADHD）の薬物療法……中枢神経刺激薬（メチルフェニデート塩酸塩徐放錠〔コンサータ〕，リスデキサンフェタミンメシル酸塩〔ビバンセ〕）と非中枢神経刺激薬（アトモキセチン塩酸塩〔ストラテラ〕，グアンファシン塩酸塩徐放錠〔インチュニブ〕）がある。薬物療法が成功するためには，学校での見守りと観察（副作用や効果を観察）が最も重要な事柄である。

薬物療法での注意が必要な例
- コンサータの食欲低下，成長抑制，不眠
- ビバンセの食欲低下，成長抑制，不眠
- ストラテラの食欲低下，傾眠，血圧・心拍数増加
- コンサータの中止時に眠気が増すこと
- コンサータ，ビバンセ，ストラテラによる興奮性の増加
- インチュニブの授業中の眠気の強さ
- インチュニブの血圧低下，脈拍減少，中止時の血圧上昇
- 薬の効果発現時間に差があり，学校と家庭で見え方が異なる
- 自閉スペクトラム症（ASD）を合併している児童・生徒では，アリピプラゾール（エビリファイ），リスペリドン（リスパダール），抑肝散などが必要なときがある

第3章 学校でできる事例検討：医療者に助言を求めた実践例

小学校編：学校でできる事例検討の例

　学校側（小学校）が医療機関に相談して助言を求め，医療機関と連携して事例検討をしていく場合について，例に沿って見ていきましょう。

症例

■小学4年生のAさん（男子）

　小学校入学後から小学2年生の2学期までは，友人とも楽しく過ごし，授業中も皆と一緒に座って受けていました。しかし，小学2年生の3学期開始後，Aさんはしばしば教室で立ち歩くようになり，時々教室から出ていってしまうこともありました。担任は家庭の様子を保護者に尋ねましたが，家では勉強は全くしないこと以外，他には変わった様子はなく，帰宅後はテレビを見たり，ゲームをしたり，友達と遊んだりしているとのことでした。Aさんは毎日登校するが教室に入ることを渋るようになり，2月に入ると全く教室には入らず，保健室や図書室で過ごすようになりました。教科書を開いて勉強をしようと言われると固まりますが，図工や体育などは楽しそうに取り組んでいました。両親とスクールカウンセラー（SC）の面談が始まり，本人もSCに会いましたが勉強については何も話さず，その他のことは楽しく話していました。3月になっても状況は変わらず，学校側は保護者に医療機関の受診を勧めましたが，保護者は乗り気ではなく，そのまま小学3年生になり，4年生になりました。校内では引き継ぎをしましたが，校長や担任が異動になりました。小学4年生の1学期もその状況は続きました。保護者とSCの面談は継続しています。

- 家族構成……父（45歳，会社員，専門職，子どものころ落ち着きがなく，Aさんと行動が似ていた），母（35歳，専業主婦，子どものころ勉強が苦手だった）
- 既往症……なし
- 精神科受診歴……家族含めてなし

 ## 学校が求める助言・検討内容

- Aさんに対して学校ができる支援
- Aさんの保護者と学校との連携をより良くしていくために必要なこと
- Aさんの進路選択など将来に向けて考えておくべきこと

 ## 助言者が確認したいこと

医療機関と連携する際にDr.（医師）から尋ねられることと思います。連携する際には事前に校内で情報共有し，整理しておきましょう。

	Dr. からの質問	学校からの回答
1	教室で落ち着かなくなったことのきっかけは？	国語の授業で教科書の音読をする際，Aさんは音読をせず，担任が声かけしても始めなかった。副担任が横についても，どこを読んでいるのかわからず，固まっていた。
2	成績は？	学力は低い。学年が上がるにつれてさらに下降。 理科や社会などの記憶力は良い。計算は2桁になるとミスが目立ち，文章題が苦手。ひらがなやカタカナ，漢字の表記では似たような字を書くが間違っていることが多い。

	Dr. からの質問（つづき）	学校からの回答（つづき）
3	本人の困りごとは？	Aさんが困り感を持っているかは不明。しかし，皆と教室で過ごしたい様子はある。
4	保護者の困りごとは？　SCとの面談のきっかけは？SCとの面談を希望しているのか？　医療機関への抵抗の理由は？	保護者はAさんの状況の原因がわからず，学校でもっと丁寧に支援してほしいという思いからSCを利用。医療機関で診断を下されたくない。障害扱いされたくない。
5	クラスメイトや担任とのコミュニケーションは？	クラスメイトや担任との関係性は良好で，少し幼さが残るもコミュニケーションは十分とれる。しかし連絡帳がうまく書けておらず，家庭連絡や提出物が滞ることが多い。
6	どんなことが好きなのか？	友達とのおしゃべりや休み時間に外で運動することなど，たくさんの友達と遊ぶことが好き。

　以上の情報から，Aさんはどんな「しんどさや生きづらさ（気になること）」を抱えていると考えられるでしょうか？

■ Aさんが抱える<u>しんどさや生きづらさ</u>（気になることには症例の文章に下線を引くことを勧めます）

- 教室で立ち歩く
- 教室から出ていってしまう
- 家では勉強は全くしない
- 教室に入ることを渋り，保健室や図書室で過ごす
- 勉強をしようと言われると固まる
- 図工や体育などは楽しそうだが，他の教科は楽しめない
- 医療機関の受診を勧めたが，保護者は乗り気ではない

考えられる診断名と知っておきたいこと

- 発達性学習症（学習障害）➡『学校で知っておきたい精神医学ハンドブック』
  159 〜 161 ページ
- 知的発達症 ➡『学校で知っておきたい精神医学ハンドブック』164 〜 166 ページ
- 注意欠如多動症（ADHD）➡『学校で知っておきたい精神医学ハンドブック』
  153 〜 155 ページ
- 保護者支援 ➡『学校で知っておきたい精神医学ハンドブック』254 〜 256 ページ

支援の実施

　では，Aさんに必要な支援はどのようなものが考えられるでしょう
か？　また学校ではどのような支援が考えられるでしょうか？　「優先順
位の高いもの」から挙げていきます。

考えられる支援の内容

1. Aさんが抱えるしんどさ，生きづらさ，困りごとを把握し，しっか
   り次学年に引き継ぐ
2. 専門機関や医療機関での特性の評価および支援・受診継続の吟味をす
   る〈専門機関・医療機関〉
3. 学校の受け入れ体制を教職員全体で話し合い，校内で何ができるかを
   検討する〈学校・担任〉
4. 心身両面での本人の状態や変化について，評価とフォローをしていく
   〈学校・養護教諭〉
5. 保護者の話を傾聴し，保護者のしんどさを汲み，学校と保護者が一緒
   にできることを，お互いに焦らず無理のないように考えていく〈学
   校・担任・管理職・養護教諭〉

Ａさんの支援後の経過

　支援が入り，Ａさんは放課後に登校したり，別室に登校したりするようになりました。学校ではタブレットを活用した学習を取り入れ，文字や漢字の学習では画面いっぱいに字を写し，指でなぞる練習を繰り返すことにしました。また算数の計算の繰り上がりでは，大きな紙を準備し，計算の過程を大きく書くことで，繰り上がりの数字を書く場所を確認し，忘れないようにする練習を繰り返しました。またＡさんが一番苦労していた音読では，指でなぞりながらひらがなの短い文章の音読を，教員と一緒にまずは５分から始め，徐々に文章を長くしたり，漢字を含んだ文章にしたりと，練習を重ねました。Ａさんは短時間であれば学習することが可能になり，３学期にはＡさんが好きな図工や体育はクラスメイトと一緒に授業に参加することが可能になりました。

支援の評価

　さて，小学４年生の学年末を迎えましたので，「Ａさんへの支援の評価」をしておきましょう。

助言者が考える評価のポイント

- 本人の学習に対するつらさを汲み，登校する意思を尊重したこと
- 本人ができる学習支援を工夫したこと
- 保護者と協力して支援したこと
- 別室を確保するなど，学校内での体制をつくり，協力して支援したこと

次の学年の先生方への引き継ぎ

次に，小学5年の先生方に引き継ぐべき情報や支援内容を整理しましょう。その際のポイントを述べます。

助言者が考える引き継ぎのポイント

- 工夫した具体的な支援内容を学校全体で共有する
- 次年度の校内の状況を鑑みて校内の支援体制を検討する
- 本人ができるようになったことを評価し，褒めていく
- 保護者との連絡を継続する（保護者の心の変化にも注目し，ねぎらっていく）

保護者と学校との連携

次に，保護者と学校との連携をより良くしていくために必要なことを整理しましょう。その際のポイントを述べます。

助言者が考える保護者との連携のポイント

- 定期的に連絡（電話，FAX，書簡など）をする
- 連絡帳に本人が頑張っている点やできるようになった点を強調して記載する
- 保護者の困っていることを尋ねる（無理に一度に聞き出そうとせず，回を重ねて）
- 必要なら学校に来てもらい，話し合う（保護者と教員が一対一ではなく，話しやすい教職員が話し合いに同席する）

進路選択など将来に向けて

　次に，Aさんの進路選択など将来に向けて考えておくべきことを整理しましょう。その際のポイントを述べます。

 助言者が考える将来に向けた支援のポイント

- 学校行事などの集団活動への参加
- 支援学級や通級指導教室などの利用の必要性
- 進路についての話し合い

中学校編：学校でできる事例検討の例

　学校側（中学校）が医療機関に相談して助言を求め，医療機関と連携して事例検討をしていく場合について，例に沿って見ていきましょう。

 症例

■中学1年生のBさん（女子）

　中学校入学後の1学期までは，気が合う友達数人と過ごし，部活動は吹奏楽部に入り，学校生活に適応していました。しかし，中学1年生の2学期が始まり，数週間経った後，Bさんはしばしば登校を渋るようになり，授業中にぼーっとしていることや，プリントを机の上に置いたままにすることがありました。楽しみにしていた吹奏楽部も休みがちになりました。Bさんと同じ吹奏楽部のクラスメイトから，Bさんが他の女子から時折陰口を言われていたことがわかりました。顧問はBさんと面談しましたが，気にしていないといいます。10月には欠席が目立つようになり，保健室利用も増えました。その際に養護教諭はBさんのやせ（体重減少）と左腕にリストカットの痕があることに気づきました。養護教諭はBさんと話をして尋ねましたが何も答えません。養護教諭は担任に伝え，担任が家庭に様子を尋ねました。父親によれば，母親の体調が悪いので家事の手伝いをしてくれているとのことでした。11月にほとんど登校しなくなりました。担任が家庭訪問した際にBさんは気を遣って気丈に振る舞うも，顔色は悪く，やせている印象でした。部活動だけでも参加しないかと提案しましたが，一度も参加することはありませんでした。

- 家族構成……父（50歳，長距離トラック運転手，忙しい），母（48歳，専業主婦，体調が優れないときがある），妹（5歳），弟（4歳）
- 既往症……なし
- 精神科などの受診歴……不明

 ## 学校が求める助言・検討内容

- Bさんに対して学校ができる支援
- Bさんの進路選択など将来に向けて考えておくべきこと
- Bさんの家庭に対する支援

 ## 助言者が確認したいこと

　医療機関と連携する際にDr.（医師）から尋ねられることと思います。連携する際には事前に校内で情報共有し，整理しておきましょう。

	Dr. からの質問	学校からの回答
1	小学校のときの生活	小学校では友達が多く，学習面も大きな問題はなかった。面倒見が良いのでなにかと頼られ，クラスでもリーダーシップをとることが多かった。
2	成績は？　塾は？	成績は中の下。国語が得意，英語が苦手。塾には行っていない。
3	休み時間や給食，掃除のときの様子は？　行事への参加は？　部活動での様子は？	休み時間は仲の良い友達数人と話して過ごす。掃除では他の子が気づかない部分まで几帳面に行う。行事も楽しそうに参加していた。吹奏楽部では先輩の手伝いを進んで行い，かわいがられている。そのため「ウザい」と陰口を言われることがあった。

	Dr.からの質問 (つづき)	学校からの回答 (つづき)
4	現時点での,進路希望は？	公立高校を目指している。
5	小学校からの知り合いは多いのか？	中学校は自宅から近い学校を選択したため,同じ小学校だった生徒は少ない。
6	登校しづらい理由で思いつくことは？	部活動のみの登校を提案したが参加しようとしないので,部活動のことが尾を引いているのではないかと感じている。
7	家庭の状況は？	Bさんが小さいころから妹や弟の面倒をよくみていることは小学校からも引き継ぎを受けている。母親の体調不良がどのような状況かは不明。
8	登校しづらい理由で思いつくことは？	成長曲線が中学校入学後よりやせが目立ち始めている

　以上の情報から，Bさんはどんな「しんどさや生きづらさ（気になること）」を抱えていると考えられるでしょうか？

■ **Bさんが抱えるしんどさや生きづらさ**（気になることには症例の文章に下線を引くことを勧めます）

- 登校を渋り，吹奏楽部も休みがちになる
- 授業中にぼーっとしている，プリントを机の上に置いたままにする
- 陰口を言われていた
- やせ（体重減少）
- 左腕にリストカットの痕がある
- 母親の体調が悪いので家事を手伝っている

📋 考えられる診断名・状態と知っておきたいこと

- 自傷行為 ➡ 『学校で知っておきたい精神医学ハンドブック』223 ～ 226 ページ

- ヤングケアラーの可能性 ➡『学校で知っておきたい精神医学ハンドブック』210ページ

- いじめの可能性 ➡『学校で知っておきたい精神医学ハンドブック』214 ～ 219 ページ

- 不登校 ➡『学校で知っておきたい精神医学ハンドブック』206 ～ 210 ページ

- 摂食症（摂食障害）の可能性（やせ） ➡『学校で知っておきたい精神医学ハンドブック』97 ～ 104 ページ

支援の実施

　では，Ｂさんに必要な支援はどのようなものが考えられるでしょうか？ また学校ではどのような支援が考えられるでしょうか？ 「優先順位の高いもの」から挙げていきます。

考えられる支援の内容

1．家庭訪問を継続し，本人や保護者の話を傾聴し，つらさを汲む〈学校・担任〉

2．本人の状態を把握し，必要な機関との連携を学校全体で話し合う〈学校〉

3．登校時は，教室や別室での様子の観察と心を込めた声かけを行う〈学校・担任〉

4．登校時に可能な場合は，保健室で本人の状態を観察および評価〈学校・養護教諭・学校医〉

　　＊緊急性が高い場合は，本人と保護者に説明し，学校医による身体面での評価や医療機関受診を勧奨する

5．生育歴，家族歴，やせなど心身両面の評価（心理検査，血液検査など各種検査）と治療の必要性の吟味〈医療機関〉

Bさんの支援後の経過

　支援の方針が定まり，まずは担任が週に1回，Bさんの家庭訪問を継続することになりました。Bさんはその訪問を嫌がることはありませんでしたが，最初はほとんど話さず，短い時間の訪問が続きました。回数を重ね，2カ月経過した3月初旬から，Bさんは少しずつ自分のことを話し始めました。父親が仕事で不在のことが多く，祖父母も遠方で，母親の体調が悪いときは妹や弟の面倒をみないといけないこと，そういう状況のときは登校する体力も気力もないということ，学校に行きたいし，吹奏楽部も楽しみたいということなど，Bさんの本音やしんどさが明らかになりました。やせなど身体面の問題は学校医と相談しながら保健室でフォローも継続することになりました。

支援の評価

　さて，中学1年生の学年末を迎えましたので，「Bさんへの支援の評価」をしておきましょう。

助言者が考える評価のポイント

- 家庭訪問の継続
- 丁寧に話を聴き，関係づくりを行ったこと
- 家庭の状態がわかり，本人の苦労やつらさが明らかになったこと
- 本人の希望が聞けたこと
- 成長曲線を確認できたこと
- 保健室で身体面でのフォローが続いたこと

次の学年の先生方への引き継ぎ

　次に，中学2年の先生方に引き継ぐべき情報や支援内容を整理しましょう。その際のポイントを述べます。

 助言者が考える引き継ぎのポイント

- 本人が登校しにくい真の理由の把握
- 本人の本当は登校したいという気持ちを尊重
- 本人の希望に沿い，学校でできることを継続
- 身体面でのフォロー（養護教諭の異動がある場合は丁寧な引き継ぎを）

進路選択など将来に向けて

　次に，Bさんの進路選択など将来に向けて考えておくべきことを整理しましょう。その際のポイントを述べます。

 助言者が考える将来に向けた支援のポイント

- スクールカウンセラーの参加
- スクールソーシャルワーカーの参加
- スクールソーシャルワーカーを通した支援機関の紹介
- 高校進学へ向けての相談
- 健康面での継続支援

家庭への支援で考えられること

次に，Bさんの家庭への支援で考えられることを整理しましょう。その際のポイントを述べます。

助言者が考える家庭への支援のポイント

- 学校，医療，福祉との協力体制
- 本人や家族の話をよく聴く
- 中学卒業後の本人や保護者の相談場所の紹介（切れ目のない支援を目指す）
- 可能ならスクールソーシャルワーカーの継続支援

高等学校編：学校でできる事例検討の例

　学校側（高等学校）が医療機関に相談して助言を求め，医療機関と連携して事例検討をしていく場合について，例に沿って見ていきましょう。

 症例

■高校 2 年生の C さん（女子）

　幼少時から落ち着きなく，忘れ物が多く，小学校入学後もこの状態は続き，医療機関にて注意欠如多動症（ADHD）の診断を受けました。高学年になっても注意が散漫で，忘れ物も多く，授業中も集中が続かないため，薬物療法が開始されました。また中学 1 年生の健康診断の内科検診で甲状腺疾患が疑われ，医療機関にて橋本病と診断され，現在も通院加療中です。薬は出ていません。中学では体育の授業や行事の参加などでは体調面での配慮を行い，忘れ物など学習面でも保護者や教員らが声かけし，C さんは学校生活に十分に適応することができ，私立高校に進学しました。しかし高校では中学のときのような配慮がほとんどなく，体育の授業や行事の参加ができず出席日数が不足したり，提出物が出せなかったりと，学習面でかなり苦労していました。家庭では母親が C さんの代わりに学校の準備や提出物の確認をし，なんとか C さんは高校生活を送っていました。

　2 年生の 3 学期後半ごろから，もともと少なかった対人交流がさらに減り，授業中の集中が続かず眠ってしまうこともありました。日頃から，疲労感を訴えていましたが，進路選択の面談になると，C さんに腹痛や頭痛，嘔気などの身体症状が生じてしまい，担任との進路の話は一向に進み

ませんでした。保護者も困り，担任と相談し，主治医にCさんの状態を尋ね，進路選択についても助言を求めました。

- 家族構成……父（53歳，会社員，子どもとの関わりは少ない），母（48歳，保育士，子どものころCさんと同じく忘れものが多かった），妹（中学3年生），弟（小学6年生，活発）
- 既往症……甲状腺疾患（橋本病，祖母も同じ疾患，経過観察中）あり
- 精神科受診歴……本人が注意欠如多動症（ADHD）のため精神科受診中（薬物療法あり）

学校が求める助言・検討内容

- Cさんは今どういう状況なのか？
- Cさんに対する支援
- Cさんの進路選択など将来に向けて考えておくべきこと

助言者が確認したいこと

医療機関と連携する際にDr.（医師）から尋ねられることと思います。連携する際には事前に校内で情報共有し，整理しておきましょう。

	Dr.からの質問	学校からの回答
1	成績は？　得意・不得意科目は？　塾は？	成績は全体的に低い。美術は得意。手先は器用で，物づくりが好き。集団の塾に通っている。
2	1年時の進路希望は？	幼少時からの将来の夢は看護師で，看護大学を志している。
3	部活は？　友人はいるか？	部活には入っていない。友人は少ないが，Cさんを助けてくれる友人もいる。

	Dr. からの質問（つづき）	学校からの回答（つづき）
4	甲状腺疾患の程度と治療は？　現在の体調不良と既往症の関係は？	薬物療法はしておらず，３カ月に１回の定期健診中である。最近は朝起きにくく，月経の前後では体調や精神面が不安定になることがある。
5	心理検査は？　ADHDの薬物療法の内容は？	心理検査は小学３年生のときに医療機関で行った。高校では詳細を把握していない。ADHDの薬物療法についても詳細は不明。

　以上の情報から，Cさんはどんな「しんどさや生きづらさ（気になること）」を抱えていると考えられるでしょうか？

■ Cさんが抱える<u>しんどさや生きづらさ</u>（気になることには症例の文章に下線を引くことを勧めます）

- 注意欠如多動症（ADHD）の診断を受け，薬物療法中
- 橋本病と診断され，通院加療中
- 高校では中学のときのような配慮がほとんどない
- 体育の授業や行事への参加ができず，出席日数が不足している
- 提出物が出せない
- 授業中の集中が続かず眠ってしまう
- 日頃から疲労感がある
- 進路選択の面談では，腹痛や頭痛，嘔気などの身体症状が出現する

📋 考えられる診断・症状と知っておきたいこと

- 注意欠如多動症（ADHD）の特徴　➡『学校で知っておきたい精神医学ハンドブック』153〜155ページ
- 甲状腺疾患（橋本病）の症状　➡『学校で知っておきたい精神医学ハンドブッ

橋本病では抑うつの症状もみられ，情緒面の揺れもあり，疲労感の訴えも多い

支援の実施

では，Cさんに必要な支援はどのようなものが考えられるでしょうか？また学校ではどのような支援が考えられるでしょうか？ 「優先順位の高いもの」から挙げていきます。

 ### 考えられる支援の内容

1．甲状腺疾患や注意欠如多動症（ADHD）の診療継続，主治医から学校への助言〈医療機関〉
2．校内での様子を見守り，授業や提出物，出席日数などに関する相談に適宜のっていく〈学校・担任〉
3．保健室での血圧，脈拍，体温などのバイタルサイン測定，身体症状のフォロー〈学校・養護教諭〉
4．進路に関する相談にのる〈学校・担任・進路指導担当・養護教諭〉

 ### Cさんの支援後の経過

学校と主治医の面談によって学校や家庭での支援が定まりました。また医療機関での甲状腺疾患の薬物による治療が始まり，Cさんは朝のしんどさが軽減し，情緒面の揺れも小さくなっていきました。

進路についてはCさんは看護職を希望していますが，保護者と学校は他の進路選択の可能性を考え，資料を探しておくことを共有しました。そのうえでCさんの意思を尊重することにしました。学習面では主治医からの

提案もあり，塾の指導を集団から個別へと変更し，Cさんのペースに合った学習方法を身につけることを目標にしました。

支援の評価

さて，高校2年生の学年末を迎えましたので，「Cさんへの支援の評価」をしておきましょう。

✓ 助言者が考える評価のポイント

- 本人の困っている点への具体的支援
- 保健室での身体面での継続支援
- 経過の丁寧な把握：どういうときにしんどさを感じるかを観察
- 進路への相談
- 医療機関との協力
- 保護者の困っている点に関する相談
- 提出物の確認と声かけ
- 本人の進路に関する意向の尊重
- 保護者との密な協力体制

次の学年の先生方への引き継ぎ

次に，高校3年の先生方に引き継ぐべき情報や支援内容を整理しましょう。その際のポイントを述べます。

助言者が考える引き継ぎのポイント

- 本人の希望を尊重
- 他の進路に関する案の用意
- 行動パターンの把握
- 保護者への連絡

進路選択など将来に向けて

　次に，Cさんの進路選択など将来に向けて考えておくべきことを整理しましょう。その際のポイントを述べます。

 助言者が考える将来に向けた支援のポイント

- 甲状腺疾患では注意欠如多動症（ADHD）の薬物療法の禁忌条項があることを認識する必要がある
- Cさんが将来看護職としてどの程度働けるかの認識を持てるように，情報提供していく
- Cさん本人が自身の特性と治療の有効性について学ぶ
- 進学先への引き継ぎの要否を本人と保護者に確認し，必要に応じて情報提供を行う（近年，大学や専門学校においても保健管理センターでの心身のフォローや学生相談室での支援も進んでいる。進学先にどのような支援があるかについても調べ，保護者とともに検討していく）

付　録

神経発達症（発達障害）の子どもに健康保険適用（適応）となる薬

薬剤名*	適応症（効能または効果）	対象年齢
メラトニン（メラトベル）	小児期の神経発達症に伴う入眠困難の改善	6歳以上16歳未満
メチルフェニデート塩酸塩徐放錠（コンサータ）	注意欠如多動症（ADHD）	6歳以上
リスデキサンフェタミンメシル酸塩（ビバンセ）	小児期における注意欠如多動症（ADHD）	6歳以上～17歳未満
アトモキセチン塩酸塩（ストラテラ）	注意欠如多動症（ADHD）	6歳以上
グアンファシン塩酸塩徐放錠（インチュニブ）	注意欠如多動症（ADHD）	6歳以上
リスペリドン（リスパダール）	小児期の自閉スペクトラム症（ASD）に伴う易刺激性	6歳以上18歳未満
アリピプラゾール（エビリファイ）	小児期の自閉スペクトラム症（ASD）に伴う易刺激性	6歳以上18歳未満
フルボキサミンマレイン酸塩錠（デプロメール，ルボックス）	小児の強迫症	8歳以上

＊括弧内は商品名

参考文献

1. 青木省三，福田正人：子どものこころと脳　発達のつまずきを支援する．日本評論社，東京，2022.
2. 青木省三，宮岡等，福田正人監修：こころの科学，日本評論社（各巻を幅広く参考にしている）
3. 滝川一廣，杉山登志郎，田中康雄，村上伸治，土屋賢治編集：そだちの科学，日本評論社（各巻を幅広く参考にしている）
4. アニタ・タパー，ダニエル・パイン，ジェームス・レックマン，スティーブン・スコット，マーガレット・スノーリング，エリック・テイラー編（長尾圭造，氏家武，小野善郎，吉田敬子監訳）：ラター児童青年精神医学（原書第6版）．明石書店，東京，2018.
5. 市川宏伸，海老島宏編：臨床家が知っておきたい「子どもの精神科」―心の問題と精神症状の理解のために（第2版）．医学書院，東京，2010.
6. 大川匡子編著：子どものこころの発達を知るシリーズ⑥睡眠障害の子どもたち―子どもの脳と体を育てる睡眠学．合同出版，東京，2015.
7. 康純編著：子どものこころの発達を知るシリーズ⑦性別に違和感がある子どもたち―トランスジェンダー・SOGI・性の多様性．合同出版，東京，2017.
8. 近藤直司編著：子どものこころの発達を知るシリーズ③不安障害の子どもたち．合同出版，東京，2014.
9. 齊藤万比古：不登校の児童・思春期精神医学．金剛出版，東京，2006.
10. 清水將之監修，髙宮静男，渡邉直樹編：内科医，小児科医，若手精神科医のための青春期精神医学．診断と治療社，東京，2010.
11. 清水將之：子どもの精神医学ハンドブック（第3版）．日本評論社，東京，2021.
12. 清水將之：養護教諭の精神保健術．北大路書房，京都，2013.
13. 清水將之：子どものメンタルヘルス事典．日本評論社，東京，2014.
14. 社団法人日本心身医学会用語委員会編：心身医学用語事典．医学書院，東京，1999.
15. 「小児内科」「小児外科」編集委員会共編：小児疾患の診断治療基準改訂第5版（小児内科第50巻増刊号）．東京医学社，東京，2018.
16. 高尾龍雄編著：思春期のこころと身体Q&A④心身症．ミネルヴァ書房，京都，2018.
17. 髙宮静男：子どものこころの発達を知るシリーズ⑨摂食障害の子どもたち―家庭や学校で早期発見・対応するための工夫．合同出版，東京，2019.
18. 髙宮静男：学校で知っておきたい精神医学ハンドブック―養護教諭，スクールカウンセラー，一般教諭，スクールソーシャルワーカーのための心身医学，精神医学．星和書店，東京，2021.
19. 田中英高：子どものこころの発達を知るシリーズ⑤心身症の子どもたち―スト

レスからくる「からだの病気」．合同出版，東京，2014.

20. 日本小児心身医学会編：初学者のための小児心身医学テキスト．南江堂，東京，2018.

21. 日本小児心身医学会編：小児心身医学会ガイドライン集改訂第2版．南江堂，東京，2015.

22. 日本精神神経学会日本語版用語監修，髙橋三郎，大野裕監訳，染矢俊幸，神庭重信，尾崎紀夫，三村將，村井俊哉訳：DSM-5 精神疾患の診断・統計マニュアル．医学書院，東京，2017.

23. 日本総合病院精神医学会 児童・青年期委員会 企画・編集：子どもこころの診療ハンドブック―日本総合病院精神医学会治療方針7．星和書店，東京，2016.

24. 花田照久，八木眞佐彦：ゲーム依存からわが子を守る本．大和出版，東京，2019.

25. 原田謙：「キレる」はこころのSOS．星和書店，東京，2019.

26. 樋口進監修：ネット依存・ゲーム依存がよくわかる本．講談社，東京，2018.

27. 星加明徳，宮本信也：よくわかる子どもの心身症．永井書店，大阪，2003.

28. 星野仁彦：気づいて！こどもの心のSOS．ヴォイス，東京，2006.

29. 本城秀次，野邑健二，岡田俊編：臨床児童青年精神医学ハンドブック．西村書店，東京，2016.

30. 松永正訓：発達障害最初の一歩．中央公論新社，東京，2020.

31. 松本俊彦：子どものこころの発達を知るシリーズ①自傷・自殺する子どもたち．合同出版，東京，2014.

32. 山崎晃資，牛島定信，栗田広，青木省三編著：現代児童青年精神医学．永井書店，大阪，2002.

33. 吉川徹：子どものこころの発達を知るシリーズ⑩ゲーム・ネットの世界から離れられない子どもたち．合同出版，東京，2021.

34. 和久田学：学校を変える いじめの科学．日本評論社，東京，2019.

おわりに

　『学校で適切に対応したい児童・生徒の困りごと55―続・学校で知っておきたい精神医学ハンドブック』の執筆は新型コロナウイルス感染症流行の真っ最中に始まりました。講演や学会が中止になり，遠くへの出張が減り，自宅とクリニックの往復だけの移動となり，診療時間は減りませんでしたが，以前に比べ，時間がとれるようになりました。本書は，自粛中に診療の合間に，ひっそりとこれまでの経験を綴ったものです。感染拡大がなかったら，執筆にもう少し時間がかかったか，完成しなかったかもしれません。

　新型コロナウイルス感染はついに6波まで来て，7波もあるのではと言われ始めた頃に脱稿しました。最近は，かなり落ち着いていますが，発刊される頃にはもう一波乱あるかもしれません。コロナ禍，学校では，いつも以上に困りごとが生じ，対策に頭を絞る機会が増えました。学校での児童・生徒の困りごとは千差万別です。工夫が常に要求され，校内だけでは追いつきません。多くの機関が協力し，アイデアを出し合い，実践を積み重ねることにより，児童・生徒の困りごと，生きづらさへのアプローチの方法が見えてきます。本書は，その基礎となるよう，学校で，困っている児童・生徒のエピソードを取り上げ，学校で配慮していただきたいことを実践編として詳述しました。前著『学校で知っておきたい精神医学ハンドブック』と合わせて利用していただけると気づきが倍増すると確信します。

　2021年は感慨深い年になりました。子どもの頃ものすごくお世話になった，叔母が100歳の天寿を終えました。弟夫婦が世話してきた母が95歳で亡くなり家族葬で送りました。亡くなる2日前に会えたのは幸運でした。故郷に帰ったときに進呈した私の前著を母親が大事そうに手に取り，じっと表紙を見ていた姿が目に浮かびます。年末には，義姉が教会で天に

召されました。そして，執筆完了寸前に，我が家に来てから17年の歳月，助け合ってきた愛犬ベルが息を引き取りました。10カ月間，休日に力を注いだ『学校で適切に対応したい児童・生徒の困りごと55―続・学校で知っておきたい精神医学ハンドブック』を霊前に捧げたいと思います。

　いつもどおり，星和書店編集部の桜岡さおりさんとクリニックスタッフには大いに助けられました。特に，服部紀代さんには，感謝してもしすぎることはありません。事例検討の素案は服部さんによるものです。共著者と言ってよいくらいですが，協力という形でお名前をお借りしました。養護教諭の先生方の率直なご意見も参考になりました。ご提案いただいたことを，本のあらゆる所にちりばめています。家族の存在も大きく，陰に日向に支えてくれました。娘たちがここまでやってくれるようになるとは，執筆を始めた頃には夢にも思いませんでした。今回も，深々と頭を下げたいと思います。ありがとさん。

2022年春分の日に

索　引

■著者

髙宮 靜男 (たかみや　しずお)

たかみやこころのクリニック院長。神戸大学医学部卒業。学校との連携などを中心に総合病院にて診療。発達障害，小児心身症，小児摂食障害をはじめとする子どもの診療に多く携わる。2016 年 8 月，クリニックを開設，現在に至る。日本摂食障害学会功労会員，日本心身医学会功労会員，精神保健指定医，日本心療内科学会登録医，子どものこころ専門医，日本精神神経学会指導医，日本心身医学会指導医。神戸市教育委員会教育相談指導専門委員，明石こどもセンター嘱託医など，教育・福祉関係委員を歴任。著書に『学校で知っておきたい精神医学ハンドブック』（星和書店）などがある。

〈協力〉

服部 紀代 (はっとり　きよ)

神戸市看護大学卒業。私立学校の養護教諭として，教育相談体制の構築や運営に従事。現在，立命館大学大学院人間科学研究科博士後期課程にて教師のメンタルヘルスの研究を行う。資格は看護師，保健師，養護教諭，公認心理師。

学校で適切に対応したい児童・生徒の困りごと 55
── 続・学校で知っておきたい精神医学ハンドブック ──

2022 年 10 月 4 日　初版第 1 刷発行

著　　者　髙宮靜男
協　　力　服部紀代
発行者　石澤雄司
発行所　㈱星和書店
〒 168-0074　東京都杉並区上高井戸 1-2-5
電話　03（3329）0031（営業部）／ 03（3329）0033（編集部）
FAX　03（5374）7186（営業部）／ 03（5374）7185（編集部）
http://www.seiwa-pb.co.jp

印刷・製本　株式会社 光邦

©2022 髙宮靜男／星和書店　Printed in Japan　ISBN978-4-7911-1102-2

学校で知っておきたい
精神医学ハンドブック

養護教諭，スクールカウンセラー，一般教諭，
スクールソーシャルワーカーのための心身医学，精神医学

〈著〉髙宮靜男

A5判　324p
定価：本体 2,700円＋税

児童生徒の心を支え、育むために学校で何ができるのか——。精神医学的問題、心身医学的問題を抱える子どもたちに学校で遭遇したときに、どのように支援したらよいか、さまざまな角度から概説。

疾患ごとに、症状や治療法、学校でできること（保健室、教室、相談室、学校全体でできること）、ピットフォール（落とし穴）についてなど、コンパクトに解説した。学校で子どもの様子や行動が気になったときに活用したい、子どもの精神医学事典。養護教諭、スクールカウンセラー、一般教諭、スクールソーシャルワーカーはもちろん、子どもに関わる全ての方におすすめの一冊。

発行：星和書店　http://www.seiwa-pb.co.jp